没後55年記念出版

回想の中谷宇吉郎

家族、関係者の
証言などでつづる

北國新聞社出版局編

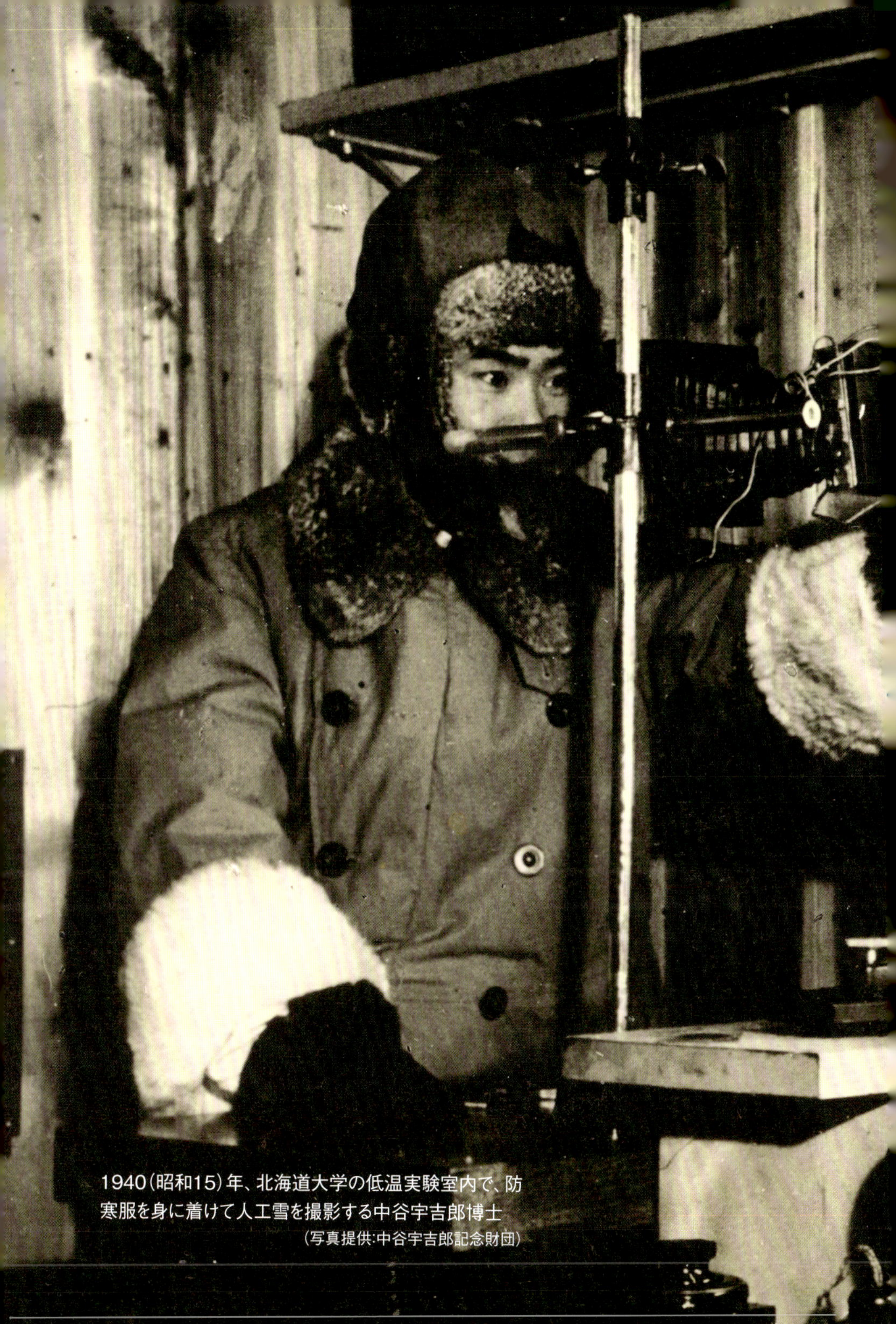

1940（昭和15）年、北海道大学の低温実験室内で、防寒服を身に着けて人工雪を撮影する中谷宇吉郎博士
（写真提供:中谷宇吉郎記念財団）

回想の中谷宇吉郎　目次

本書について

中谷宇吉郎博士の没後55年と2020年に迎える生誕120年を記念し、博士の遺族や親族による思い出話や、博士とゆかりの深い人物が残した回想文などを通して、業績や人物像、および博士没後の顕彰活動などを紹介しています。博士への理解を深めるために寄稿文や解説文も掲載しました。

これら以外の部分は北國新聞社出版局がまとめた文章です。

本書の中では敬称を略している場合がたくさんあります。あらかじめお断りいたします。

中谷博士の偉業を後世に

宇吉郎さんのふるさと点描

中谷宇吉郎雪の科学館

柴山潟湖畔から望む片山津温泉街

白山が麗しい湖のまち

片山津温泉

かたやまづ

柴山潟から霊峰白山を仰ぐ

プロローグ

グリーンランドと由布院を結ぶ糸
娘と甥《おい》が受け継ぐ中谷博士の心

「雪博士」として世界的に知られる中谷宇吉郎博士は、明治、大正、昭和を生きた加賀市片山津出身の科学者です。回想録の冒頭を、まず娘3人のうち2人と甥2人から取材し、博士をめぐる思い出などを語ってもらいましょう。

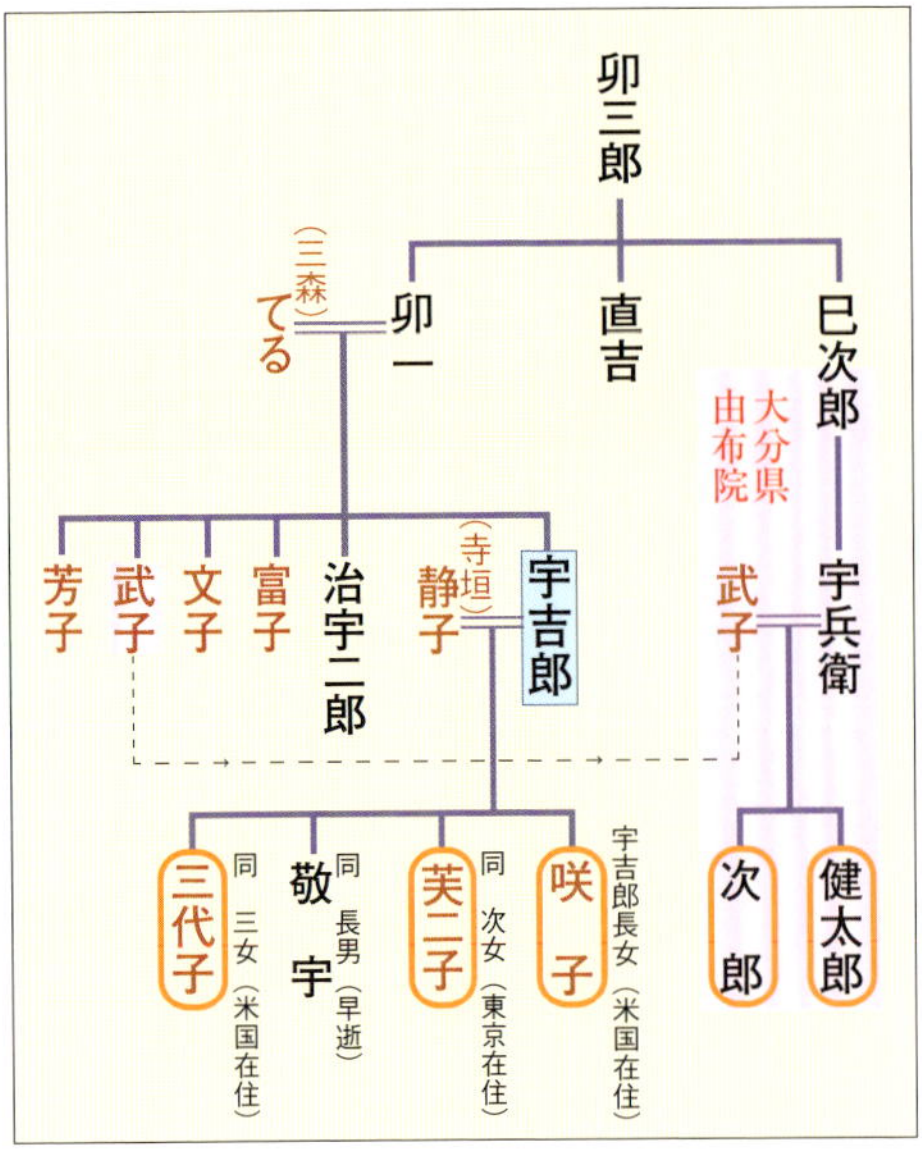

博士は1925（大正14）年に東大卒業後、理化学研究所で寺田寅彦の助手を3年務めて、1927（昭和2）年、最初の妻綾子《あやこ》さんと結婚します。綾子さんは金沢市出身の国文学者藤岡作太郎の娘です。しかし28年、博士の英国留学中急逝《きゅうせい》しました。31年、宇吉郎は金沢の寺垣家の長女・静子さんと再婚します。

次女芙二子さんは東京在住

ふたりの間に1男3女が生まれました。

「『グリーンランド』中谷芙二子＋宇吉郎展」で展示された霧の彫刻＝銀座メゾンエルメス フォーラム

１９３２年に長女咲子《さきこ》さん、33年に次女芙二《ふじ》子《こ》さん、35年には長男敬宇《けいう》氏が誕生します。しばらく間を置いて、42年に末娘の三女三代《みよ》子《こ》さんが生まれました。長男敬宇氏は病を得て46年に亡くなります。

女子３人は、咲子さんと三代子さんがアメリカで結婚して米国在住、咲子さんは地質学者として、三代子さんはピアニストとして活躍し、現在、咲子さんは引退、三代子さんは現在も音楽学院の教授を務めています。

「霧の彫刻」で有名な芸術家

三姉妹中ただ一人日本で、しかも東京・原宿の、宇吉郎博士の住居跡の自宅で暮らしているのが芙二子さんです。

芙二子さんは「霧の彫刻」の芸術家としてつとに知られており、２０１７（平成29）年12月21日には、東京・銀座メゾンエルメスフォーラムで、「『グリーンランド』中谷芙二子＋宇吉郎展」のオープニングがありました。そのギャラリートークで芙二子さんは、「自然の前では謙虚であれ」など、宇吉郎博士から受け継いだ生き方を述べると同時に、大都会の窓のないビルの室内で霧を発生させカタチを維持する難しさを示しながら、これまで都会が排除してきた霧をアートにして見る人に楽しんでもらえる喜びも語りました。

翌日から18年3月4日まで開かれた「グリーンランド」展では、銀座メゾンエルメス フォーラムを囲むガラスブロックをグリーンランドの氷壁に見立てた空間での「霧の彫刻」が目玉。一定時間ごとに、床にしつらえられたノズルの小さな穴から霧粒が噴出し、もく

「グリーンランド展」での芙二子さん。手前はグリーンランドの石＝銀座メゾンエルメス フォーラム
（写真提供:ナカサ&パートナーズ／エルメス財団）

同展で宇吉郎博士の研究を紹介する展示を見る来場者

フランス芸術文化勲章コマンドゥール叙勲式で右から芙二子さんの妹の中谷三代子・ロトーさん、芙二子さん、三代子さんの娘のマイラ・雪さん、孫のヘーゼル・霧さん
＝銀座メゾンエルメス フォーラム

もくと上昇して、あたり一面が真っ白な霧に包まれるようになるまで、「彫刻」と称する変化してやまない霧のカタチが訪れた多くの観客を魅了しました。

水でつながった親子浮き彫り

水でつながる親子は、片や雪氷学の権威で晩年はグリーンランドで研究に打ち込み、片や半世紀にわたって霧の彫刻を追求してきました。きちんと受け継がれたＤＮＡを強調し、中谷博士の偉業が浮き彫りとなった展覧会でした。

オープニングの日、銀座メゾンエルメス フォーラムでフランスから芸術文化勲章コマンドゥールが贈られ、その叙勲式が行われました。「霧の彫刻」などを世界各地で展覧して芸術文化向上に寄与した長年の功労を称えたものです。駐日フランス大使から芙二子さんは、栄誉のシンボルを首に掛けてもらい、満面の笑みで応えました。

叙勲式には前ページの写真の通り、三女の中谷三代子・ロトーさんと娘のマイラ・雪さん、孫のヘーゼル・霧さんが祝福のため参加しました。翌日、東京・原宿の芙二子さん方前で偶然にも三代子さんと会い、寄稿を要請したところ、2018年2月18日、ニューヨークから以下の文章が送られてきました。

原宿の宇吉郎宅跡である「HARAJUKU GREEN-LAND」の前に立つ中谷三代子・ロトーさん

1950（昭和25）年正月、原宿の宇吉郎宅で家族5人がそろって羽子板を楽しんだ。手前で羽子板を手に反り返っているのが三代子さん（写真提供：中谷宇吉郎記念財団）

寄稿1

桐の箪笥《たんす》

米国ボルチモアに住む姉・咲子が研究を続けてきたジョンス・ホプキンス大学の教職を83歳で退任したのを機に、家を処分してケアハウスに引っ越すことになりました。息子たち3人もそれぞれ独立して孫も合計7人になり、ボルチモアの家は主人と2人で住むには大きすぎたからです。

姉は母静子から譲り受けた桐《きり》の箪笥を、この家で50年以上も大切に使ってきました。その母の箪笥を、私に譲ってくれることになったのです。程なくその大切な母のタンスがニューヨークの私の家に届きました。

このタンスは母が父と結婚した時に母の父（寺垣の祖父）が買ってくれたものです。母は若い頃からピアノが好きでピアノが欲しくて仕方なかったのですが、軍人の祖父は音楽なんか河原乞食のすることだ、と母の願いを無視しました。その代わりに桐箪笥二竿《ふたさお》分の衣装が父と母の家に届きました。ピアノが欲しかった母はこのタンスを見て泣きたかったそうです。

その母を見て、父はデイアパソンというフランス製のピアノを母の為に買い求めました。そのデイアパソンで姉2人と私もピアノを学びました。母の好きなピアノが私をピアニストに育ててくれたのです。そしてニューヨークのジュリアード（音楽院）を卒業し、母校ジュリアードでも教えるまでにしてくれました。このタンスを見るたびにピアノが大好きだった母を、そして母を喜ばせた父を思います。今はこのタンスを孫の霧ちゃんに残したいなと思っています。

２０１８年2月18日

ニューヨークにて

中谷三代子・ロトー

原宿の中谷邸を由布院に移築

先述の甥2人というのは、宇吉郎博士の妹・武子さんの長男中谷健太郎さんと次男の次郎さんです。

中谷兄弟は大分県の由布院温泉に健在、旅館・亀の井別荘の経営に携わってきました。由布院は、宇吉郎博士の伯父巳次郎氏が片山津町から出奔《しゅっぽん》して分家を築いたのです。それを健太郎さんは「由布院・中谷家」とも呼んでいますが、亀の井別荘は既に健太郎さんの長男・太郎さんが引き継ぎました。

亀の井別荘の隣接地には、宇吉郎博士が生前、住んだ原宿の邸宅が約3分の1、そのまま移築され、「雪安居《せつあんご》」の名で博士の遺品とともに今に伝えられています。

2017（平成29）年秋、健太郎・次郎兄弟を由布院に訪ね、宇吉郎博士の思い出など語ってもらいました。

東京・原宿から由布院に移された中谷博士宅（大分県由布市の亀の井別荘）隣接の「雪安居」

回想 1 宇吉郎伯父から教わったこと

中谷博士の甥
㈱亀の井別荘相談役
「庄屋」主人
中谷健太郎《なかやけんたろう》

原宿中谷邸の留守を守る

私の宇吉郎伯父の記憶は、東京で学生生活を送る前後からが鮮明になります。伯父からの勧めもあって明治大学商学部に入学することになり、ふるさとの九州・由布院から荷物らしい荷物も持たずに上京しました。伯父が住んでいた原宿の家の一角、3畳ほどの物置を改造した部屋にほぼ自炊しながらの、学生生活が始まりました。

私が学生となったのが1952(昭和27)年4月。しばらくして宇吉郎伯父は「雪氷永久凍土研究所」の基礎研究員として米国への長期出張が決まり、長女咲子さん、二女芙二子さん、三女三代子さんとともに米国に渡っていきました。原宿の家に残された伯母の静子さん、その母寺垣品《てらがきしな》さんとともに、伯父の留守

中谷健太郎　1934(昭和9)年2月、大分県北由布村(現由布市)生まれ。明治大学卒業後、57年に東宝撮影所に入り、稲垣浩らの下で助監督を務める。62年に先代経営者であった実父の他界を受けて里帰りし亀の井別荘へ。ゆふいん音楽祭や湯布院映画祭、牛喰い絶叫大会など、アイデア豊かなまちおこし運動を企画、実施し地域の活性化に貢献している。

宅をまもることになりました。

実は、宇吉郎伯父が私に東京暮らしを勧めた経緯はこうです。由布院の農業高校でヤギを飼っていた私の元に、ある日、伯父から手紙が届きました。「東京の大学に来ないか」というのです。びっくりしました。

慌てて上京した私に伯父は「大学は大して役には立たんけど、邪魔にはならん。役に立たんことを知っておくのもいい。東京もわずらわしい所だけれど、京の昼寝ということもある」といった話をしてくれました。田舎者で世の中をほとんど知らない私にとってその説得は重く響き、東京で学生生活を送る肚《はら》を固め、試験を受けて明大に合格したのです。

伯父は、「しばらく原宿の家がほとんど空っぽになるから、お前はそこにおればいい。一家でアメリカに招聘《しょうへい》されたので、それをきっかけにしろ」とも言いました。

伯父宇吉郎が1934年に由布院で療養していた弟・治宇二郎を見舞った時の写真。右から2人目が伯父宇吉郎。左へ筆者の母・武子、父の宇兵衛（抱かれているのが筆者）、祖父の巳次郎
（写真提供：筆者）

異郷で成長するための仕掛け

ふるさと由布院から遠く離れた東京暮らしをする私に、伯父は学費・生活費を援助してくれました。それについて、伯父は私を異郷で成長するための、一つの仕掛けを施したのです。援助はあくまで援助で、相当額の半分は賄うが、あと半分は自分でアルバイトなりして稼げとのことでした。もちろん、半分でもとても有難いものでした。ご恩は一生忘れません。

仕掛けとはこうでした。それは、お金の受け取り方法にありました。第一勧業銀行渋谷支店に伯父からの手紙を持って支店長を訪ねると、次の月の生活費の半分がもらえたのです。ただし、伯父の手紙は、逆に私から、日本の色々な情報や家族の近況を伝える手紙を出さないと、もらえません。したがって、「漫然と学生生活を過ごすな」との忠告でもありました。

それと、伯父は私に経済人、社会人になる訓練をさせたと思うんです。第一勧業銀行の都内の支店長といえば、一流の経済人ですし、その人にただ会うというわけには行きません。色々、生きた勉強をしなければならない。また、支店長のお話をよく聞くとともに理解し、気の利いたことも言わねばなりません。

高校生時代の筆者

そういう意味で伯父は、学生の私に人生修業をさせたんですね。

人間味あふれるやり方

伯父は米国に発つ前、「世界に出るということは、自分が何者かであることをはっきり示すことだ」とも私に言いました。「私の手紙を銀行の支店長に持っていけば、健太郎が何者であるかが分かる。そこから世の中が始まるんだ」とも。銀行から自動的に一定額の小切手が届く方法に比べて、なんとも知恵のある、人間味あふれるやり方であったことでしょう。今でも、回想するたび感謝してもし切れません。

それから、しばらくたって宇吉郎伯父は米国から帰ります。私が明大3年生の頃でしたでしょうか。伯父は交友関係がとても広い。原宿には有名人も含めて色々な人がやってきました。伯父はそうした人たちに努めて会わせるようにしました。評論家の小林秀雄さんとか、小説家の志賀直哉さんとか、岩波書店専務の小林勇さんとか。小林勇さんについてはこんなエピソードがあります。

ある時、小林勇さんがいらっしゃって、こんな話になりました。宇吉郎伯父とお酒を注しつ注されつしていた小林さんから

「カニはまだないのか」「まだないよ。冬にならないとカニはこない」「食いた

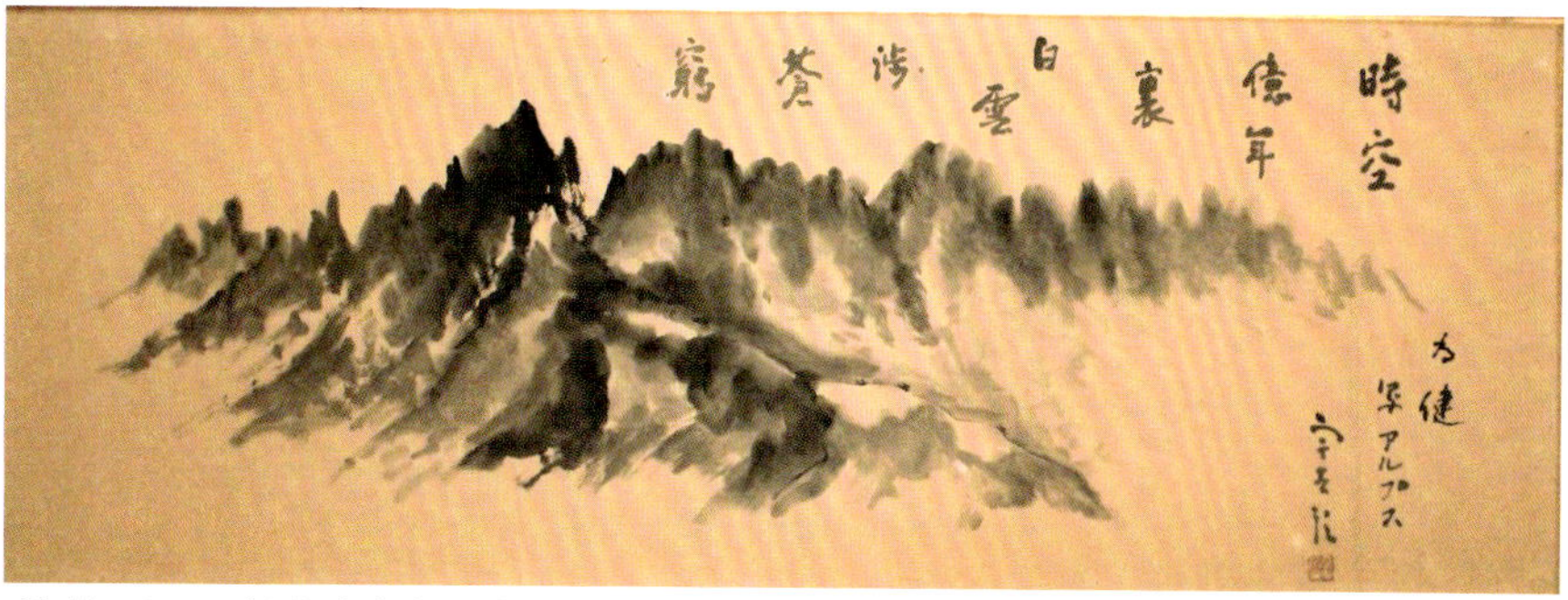

筆者のために伯父宇吉郎が水墨で描いたアルプスの扁額（「雪安居」に所蔵）

い」「食いたくてもないんだから仕方ないだろ」。

こうしたやりとりが続いた後、「じゃあ、描こうか」となりました。カニを絵にしようというんです。

マッチ棒で絵を描く

「芥《かい》子《し》園《えん》画《が》伝《でん》」*という中国・清時代の初歩的な、絵の教科書を書棚から引っ張り出してきて、その中のカニの絵をお手本に、小林さんが墨を磨り、描き始めたんです。ところが筆ではなく、マッチ棒に墨を付けて描いている。マッチ棒で強い線をしっかりと描いていらっしゃる。いやびっくりしました。思わず私は「へぇー、中国人はマッチ棒で描いていたんですか」と問うと、小林さんから「バカモン、なんで中国人がマッチ棒で絵を描くか」との一喝。私は縮みあがりました。

そしたら宇吉郎伯父が

＊芥子園画伝＝中国・清代に刊行された彩色版画絵手本。古くからの歴代画論に始まり、山水、花鳥などの描き方を解説した絵画論として広く普及した。

「健太郎はお前さんがマッチ棒で描き始めたから驚いたんだよ。健太郎は文学青年だからあんなふうにしか言えないんだ」と取りなし、小筆を手にしました。

小林さんはマッチ棒、宇吉郎伯父は小筆、わたしはビビるという三人三様の図式でしたが、ここでおもしろいのは、表現というのは決して、一様ではないということではなかったかと思います。

東宝撮影所に就職

そうこうするうちに、今でいう「就活」では、その小林さんと宇吉郎伯父がつくった岩波映画に行きたいと思ったけれど賛同されませんでした。その頃は劇映画が全盛でテレビが世の中に出始めた頃。結局、私は宇吉郎伯父に保証人になってもらい東宝撮影所に就職しました。

その頃の映画会社は作ってもつくってもよく売れた時代です。勢い人手不足で、東宝の制作スタッフ採用もそれまで3人ほどだったのが、私が採用された年は10人と大幅増。助監督をおおせつかったのですが、その頃の東宝のスターは、男優では三船敏郎、森繁久弥に笠智衆《りゅうちしゅう》、女優では原節子に高峰秀子、司葉子に草笛光子とキラ星のような大物ぞろい。残業に次ぐ残業で、時間外は月

東宝撮影所で千葉泰樹監督の映画「銀座の恋人たち」の撮影現場。左から団令子、船戸順、浜美枝、筆者、笠智衆（写真提供：筆者）

150時間にも達し、超多忙ながら給料も結構いただきました。

ところが、1962（昭和37）年でしたか、ある日突然、母の武子が夜行列車で上京してきまして、「由布院に帰ってほしい」と懇願しました。私の父宇兵衛が3年ほど前に死んだため、「もうやっていけない」と涙ながらに訴えました。女手で包丁を使い過ぎ、神経痛で手が動かないというのです。すぐに原宿の宇吉郎伯父に相談に行きました。東宝撮影所を辞めて由布院に帰るべきかどうか、ということです。

伯父から「帰郷せよ」

がんを病んで臥《ふ》せっていた伯父は寝床から起き上がって即、言いました。「由布院に帰りなさい」。それから一言ずつ噛みしめるように話しました。

「お前には人と会うことが何よりも大事だ。東京よりも、由布院の方が、それができる」

私「えぇっ？　人口1万2千人の由布院でですか」

「ああ、由布院は人が憩いに行くところだ。だから、ゆっくりと人に会える。東京では、人は用件をもって出会う。だから、人との出会いは難しい。人との出会いの積み重ねが生きることの中身だから、すぐに由布院に帰る方がいい」

そして最後に付け加えたのが「それに武子（宇吉郎伯父の実妹・私の母）が喜ぶ」でした。私は納得して、

由布院温泉の鳥瞰《ちょうかん》（写真提供:由布院温泉観光協会）

東京を引き揚げ、由布院に帰りました。「人との出会いの積み重ねが生きることの中身」という伯父の言葉の真意が分かったのは、由布院で宿屋をやり始めて20年も経ってからでした。

晩年も座右に受験参考書

宇吉郎伯父の晩年の姿で、今でもまぶたに焼き付いている光景があります。原宿の自宅の伯父が寝起きしていた6畳の部屋に、小さな机があり、机上にさりげなく置いてあったのが、確か三省堂の「数学定理」の受験参考書でした。伯父はあんな難しい学問をしているのに、座右に常に置いていたのが旧制中学か高校の古びた受験参考書だったのは驚きでした。

茅誠司氏が「雪安居」の揮毫

その部屋を含めて原宿の家の一部が、私が経営し

中谷博士が受験参考書を置いた机があった原宿時代の部屋＝雪安居

宇吉郎博士の思い出を語る筆者（左）と弟の次郎氏＝雪安居

てきた由布院・亀の井別荘の隣接地に残されています。その名も「雪安居《せつあんご》」。命名したのは私で、仏教で言う「雨安居《うあんご》」にちなんだものです。伯父がことのほか昵懇《じっこん》にしていただいていた茅誠司《かやせいじ》東大元総長が、出入り口にかかっている板額に揮毫《きごう》してくださいました。樋口《ひぐち》敬二先生のお骨折りのお蔭です。

さて、伯父が茅さんと「小さな親切運動」を立ち上げたことは、知る人ぞ知るところとなっています。晩年の口癖は「人には親切にしてあげるんだよ」でした。人を愛し、

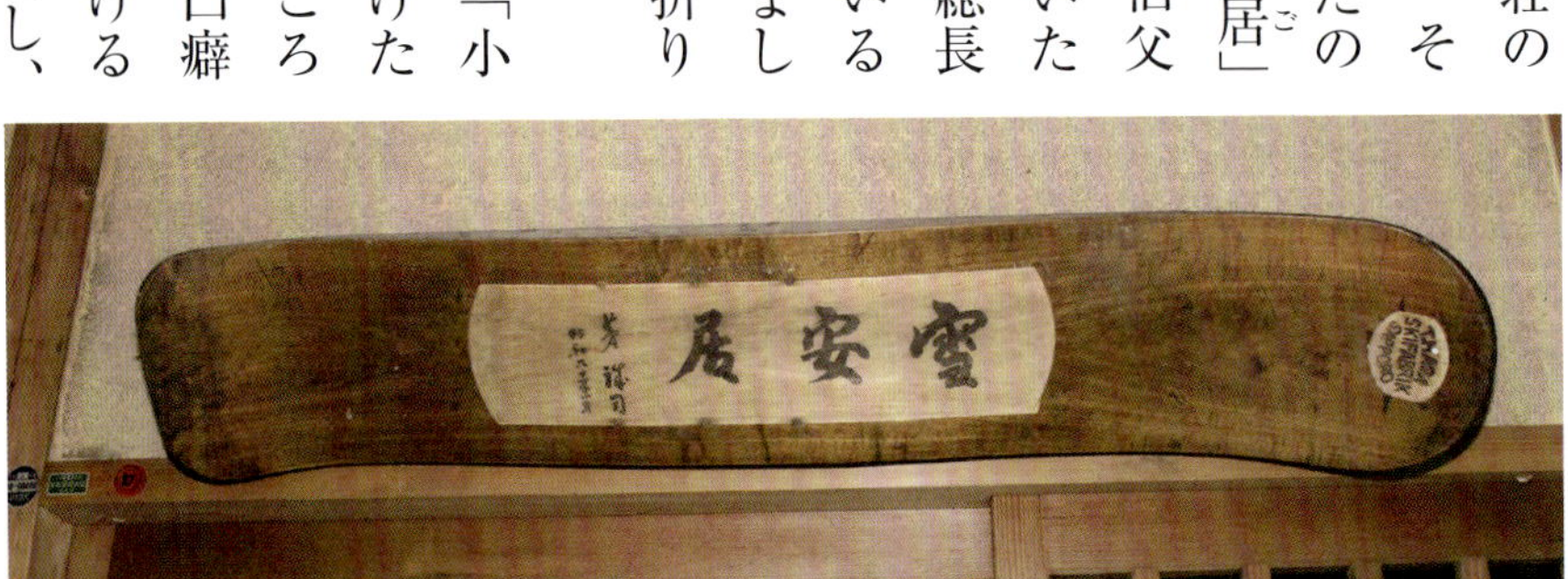

原宿から由布院に移された旧中谷博士宅の玄関に掲げられた「雪安居」の看板

愛された伯父を象徴している言葉だと思います。特にお弟子さんたちをよく可愛がったのではないでしょうか。よくお弟子さんたちが原宿の家に押しかけてきて酒を酌《く》み交わして和気あいあいと、師弟の交わりを楽しむとともに大事にしていたようです。

木のぬくもりと重厚さに満ちた亀の井別荘隣接の「庄屋」で語り合う筆者（右）と弟の次郎氏

回想 2

由布院を訪ねてきた伯父

中谷博士の甥
㈱亀の井別荘相談役
中《なか》谷《や》次《じ》郎《ろう》

私は兄・健太郎と違い、進学のため上京することもありませんでしたから、宇吉郎伯父と直接接した場面はほとんどありません。ただ、はっきり覚えているのは、伯父が由布院を訪ねてきた、私の高校3年の時です。健太郎は東宝撮影所に勤めていました。

私の母の武子に会いに

伯父は実妹である、私の母武子に会いに、九州に来たようです。何の用事だったのかは定かではありません。

とにかく、由布院と関係がある高名な学者が来るというので、亀の井別荘のある集落あげて食事会を催しました。その頃の由布院は、どちらかというとム

中谷次郎　1942（昭和17）年11月、大分県北由布村（現由布市）生まれ。61年大分県立上野丘高校を卒業し、63年亀の井別荘の法人設立に合わせて㈱亀の井別荘に入社。80年に専務取締役を経て2015年に会長、17年に相談役に就任し、今日に至る。この間に、由布院温泉観光協会理事、同旅館組合理事、湯布院町商工会理事。

ラといった共同体の趣があり、母は気をつかって、その長老にも声を掛けたようです。大人たちは盃を交わし、ワイワイやっていましたが、伯父は決して学者然としてはおらず、どんな人にも愛想よく声をかけ、盛んに話してニコニコとうなずき、とにかく、いいお酒だったように覚えています。

多芸多才だった伯父

伯父の生前の写真には、「得意満面で伯母・静子の長唄に合わせ『助六』を舞う」還暦を祝う会の1シーン（次ページ）や、「目指すは団十郎。真剣そのもの」とのキャプションのある日舞姿などがあり、興に乗ると、特に酒が入って上機嫌な時など、即興でその場で身振り手振りを披露したようです。色紙や掛け軸などの揮毫《きごう》も気安く受けていたようで、多くの遺作があり、多芸多才な伯父を物語っています。

話を元に戻すと、伯父が由布院に来たとき、母は短歌が好きでよく勉強して、何首も詠みそれを自筆の短歌集にしていましたので、自作を母がみせたところ伯父はしばし読み込んで、

「うん、大したもんだ」と、短くも褒《ほ》め言葉を贈ったんですね。母はとても感動した様子でした。伯父は人を褒《ほ》めるのが上手だったんじゃないでしょうか。

最期の言葉「人には良くして」

そして、「人には親切にするもんだ」というのを口癖にしていたようです。これは静子伯母から聞いた話ですが、伯父は最期に臨み伯母が耳を近づけると、やっと聴き取れるような声で「人には良くしてあげるんだよ」と言ったそうです。あれだけ偉業を成した伯父がこうした臨終の言葉を遺したという話は意外でしたし、感動しました。

伯父は人に対してもそうだったように、自然に対しても決して「上から目線」などでなく、温かみと畏敬《いけい》の念をもって接していたようです。

多芸多才な中谷博士は、1957年6月にアメリカへ出張した折、ボルティモアにある長女咲子のアパートで墨絵を描いた。硯と墨と筆はいつでもどこにでも持参していた。左から中谷博士、トーマス・オルスン、中谷咲子・オルスン、芙二子（写真提供:中谷宇吉郎記念財団）

生き方凝縮された揮毫

私は兄とともに、ここ由布院の亀の井別荘で経営の一端を担ってまいりましたが、宇吉郎伯父、静子伯母の旧居である「雪安居《せつあんご》」と伯父の揮毫《きごう》など遺品を大事にしてきました。揮毫など一つひとつに目を通し、掛け軸、色紙など、どれもが好きです。一番、伯父らしいすごい言葉だと思っているのが水墨画の細長い掛け軸に、墨の濃淡で描かれた草花を添えてしたためられた

「雑草の美があるうちは　日本の美は亡びない」

との寸言です。科学者である伯父の生き方のひとつが、ここに凝縮《ぎょうしゅく》されているように考えます。

中谷博士の遺品「雑草の美」の掛け軸（「雪安吾」所蔵）

癒やしの森の
ぬくもりの宿

龜《かめ》の井《い》別《べっ》荘《そう》

亀の井別荘は由布院のシンボルである金鱗《きんりん》湖畔《こはん》に佇《たたず》む、1921（大正10）年創業の1万坪もの広大な敷地に「貴人接待」のための別荘として建てられたのが始まり。由布岳《ゆふだけ》の麓《ふもと》、癒《い》やしの森のぬくもりの宿です。

中谷博士の偉業を後世に

「雪博士」中谷宇吉郎とのゆかりは深く、旅館に接して宇吉郎博士の旧居「雪安居《せつあんご》」も、東京から移築されて時を刻んでいます。この宿のサービスの根底にあるのは「あらまほしき日常」です。お客様にとって「こんな日常があったらいいな」を常に追求しています。

客室数：20 室

（本館洋室6部屋、離れ 14 部屋）

1泊2食付き3万9030円～

（1室2名利用時、お1人様料金、税・サ込）

龜の井別荘

〒 879-5102

大分県由布市湯布院町川上 2633-1

https://www.kamenoi-bessou.jp

Email：info@kamenoi-bessou.jp

Tel：0977-84-3166　Fax：0977-84-2356

山家料理　湯の岳庵

茶房　天井桟敷

西国土産　鍵屋

Bar　山猫

1 1900－1922年

片山津から小松中、四高へ

加賀市の江沼神社境内にある竹涇館。宇吉郎少年が旧大聖寺藩主家の「殿様」や「御前様」と親しんだ座敷が残る

呉服と雑貨を商う生家

中谷宇吉郎博士は、１９００（明治33）年7月4日に、呉服兼雑貨商を営む中谷卯一《ういち》とてる夫妻の長男として生まれました。中谷家は現在の加賀市片山津温泉（当時は江沼郡作見村字片山津）にあり、店舗は温泉街の目抜き通りに面し、家の裏側は柴山潟に面していました。

中谷家は代々、柴山潟の南側にある旧中島村に住んでいました。中谷博士の伯父である巳次郎《みじろう》が、卯一とともに片山津へ移って呉服兼雑貨店を始めたのです。中谷博士の墓が中島町の共同墓地にあるのはこのためです。

その後、巳次郎は店を弟の卯一に譲って東京に出た後、再び片山津にもどって卯一夫婦と同居しました。この間に卯一は三森《みつもり》てると結婚し宇吉郎が生まれたのです。巳次郎は生まれたばかりの宇吉郎をかわいがりました。

そして、大聖寺町で料亭を経営したのち、大分県の由布院へ移り旅館業で成功します。中谷博士は生涯に何度も由布院を訪ねました。

卯一・てる夫婦は、長男の宇吉郎を頭に、次男・治宇次郎《じうじろう》、長女・富子、次女・冬子、三女・武子、四女・芳子と二男四女に恵まれました。卯一は子どもを厳しくしつける父親、

5歳の宇吉郎と3歳の治宇二郎兄弟（写真提供:中谷宇吉郎記念財団）

一方、てるは大らかな性格で優しい母親でしたが、二人とも子どもたちの教育については熱心でした。

大聖寺にある親戚の家々で下宿

中谷博士は6歳のころ、片山津の親戚が開く高橋医院の看板を見事に書き上げ、得意の将棋では大人に勝つなど、いわゆる「神童」ぶりを発揮しました。両親はその才能を磨いてやりたいと考え、大聖寺町にあった京逵《けいき》幼稚園へ通わせることにして、宇吉郎を母の実家で薬種商を営む三森家に預けました。

次いで１９０７（明治40）年4月、錦城小学校入学を機に九谷焼の名工として知られる浅井一毫《いちもう》の家に預けられました。１８３６（天保7）年生まれの一毫は、この時すでに70歳を超えていましたが、毎日、朝から晩まで絵付けをし、宇吉郎少年もよく手伝わされたといいます。

2年生になると、今度は藩政期に大聖寺藩の家老を務めていた松見《まつみ》家に預けられました。この時は浅井、三森、中谷の三家で宇吉郎少年の預け先を協議しており、親戚がこぞって、宇吉郎少年の生活環境や教育について思案していたことが分かります。

錦城小学校と「御殿」

中谷博士が通った錦城小学校は、かつて大聖寺藩の政庁であった大聖寺陣屋が校舎として使われていました。

明治維新の版籍奉還《はんせきほうかん》で14代藩主の前田利鬯《としか》は藩知事に就き、１８７１（明治4）年の廃藩置県によって東京に住む華族となり、その後、１８８４年の華族令により子爵《ししゃく》に列せられます。

大聖寺の耳聞山《みみきやま》にはその前田子爵《ししゃく》の別邸があり、「御殿《ごてん》」と呼ばれました。宇吉郎少年が小学2年の時から下宿した松見家は、「御殿」の向かいにありました。宇吉郎は松見家の祖母とともに毎日のように「御殿」を訪ね、旧藩主家の暮らしを身近に体験しました。

宇吉郎は小学3年ごろに父卯一の厳命で英語を習いました。教えたのは、赤絵金彩の九谷焼で名声を博した陶芸家、中村秋塘《しゅうとう》（1865～1928）でした。後年、中谷博士は「英語はちっともシンポしなかったが、陶器のことは色々覚えた」と述懐しています。

また、中村家にほど近い全昌寺では、良運和尚に習字を習いました。

父の死と小松中学入学

1913（大正2）年4月、父親の卯一が亡くなりました。宇吉郎が抜群の成績で錦城小学校を卒業して1週間もたたないうちのことです。

卯一は生前、宇吉郎を九谷焼の陶工にしようと考え、工業学校の窯業科に入学させようと考えていました。中学校への進学を希望していた宇吉郎は、急きょ小松中学校を受験して合格しました。14歳の少年に起きた運命の転機でした。

小松中学は1898（明治31）年創立の石川県第四中学校が1907年に石川県小松中学校と改称した旧制中学です。

当時は5年制で、宇吉郎はその間、寄宿舎生活を送りました。寄宿舎では150人ほどの生徒が起居を共にし、およそ10畳の部屋に7人が入りました。勉学は優秀な成績で、2年生から特待生となり授業料を免除されています。

学業以外でも中谷博士は活発な生徒で、運動では弓道、野球、ボートに取り組み、寄宿舎チームの選手になりました。文学にはあまり関心を寄せませんでしたが、同級生には後に劇作家として活躍する北村喜八がおり、3年生の時、学芸会で英語劇「ヴェニスの商人」

を披露し、宇吉郎は裁判官デューク役を演じています。

中学時代を通して理系志望で、理科関係の成績は群を抜いていました。5年生の時、金沢市出身の天文学者でZ項の発見で名高い木村栄《ひさし》博士が来校し講演した際には、その筆記を命じられています。

英語劇「ヴェニスの商人」でデューク役を演じた宇吉郎（前列左）。後列左から2人目は北村喜八（写真提供：中谷宇吉郎記念財団）

不合格の憂き目を見る

1918（大正7）年3月に小松中学を卒業した宇吉郎は、金沢の第四《だいし》高等学校（四《し》高《こう》）を受験しました。入学試験が実施される7月まで、家業を手伝いながら受験勉強をしたのですが、結果は不合格でした。

1年間の浪人生活を選んだ宇吉郎は、翌年に、東京の予備校に通いました。都会の受験生たちがしっかりした受験技術を身に付けていることを知り、大学や学生の様子を垣間見《かいまみ》て、田舎とはちがう大都会の現実を感じた東京での浪人暮らしは、人間宇吉郎を一回り大きくしました。

19年7月、四高の理科甲類（甲類は外国語に英語を選択、乙類はドイツ語）に合格し、宇吉郎の学生生活が始まりました。

弓術部主将として悲壮感味わう

金沢では犀川《さいがわ》左岸にある蛤坂《はまぐりざか》町（現在は寺町）の高い崖《がけ》の上に建つ勤務医の家に下宿しました。中谷博士は随筆「根強い北陸文化」の中で、「縁先からは、、はるかに医王山《いおうぜん》が望まれ、犀川の流れは、一望の下に脚下にひらけていた」と振り返っています。大家の若い医師は文学が好きで、大正期の大ベストセラーである「地上」を書いた島田清次郎の遠縁でもありました。金沢出身で当時既に文壇で活躍していた泉鏡花や徳田秋声の作品についても、語り合ったことでしょう。

四高生時代の宇吉郎は、大聖寺で少年期に関わった九谷焼を扱う店舗をのぞき、中村秋塘や石野竜山《りゅうざん》の作品を鑑賞し、その色に惹《ひ》かれ、買いたくてたまらなくなったという回想もしています。九谷焼については、四高で教師をしていた画家の中村皓《こう》の家を頻繁に訪ね、釉薬《ゆうやく》や墨色などについて話を聞き、意見を述べていました。

美術工芸に関心を深めるとともに、スポーツでは中学時代から引き続き弓道に打ち込み、3年生になると弓術部の主将になりました。その頃は柔道、剣道、弓道の対抗試合が学校の大きなイベントで、「悲壮感を充分味わった」といいます。

哲学、生物学から物理学へ

四高は1887（明治20）年に第四高等中学校として開校し、「加賀の三太郎」と呼ばれる西田幾多郎《きたろう》（哲学者）、鈴木大拙《だいせつ》（宗教学者）、藤岡作太郎（国文学者）や、宇吉郎が中学5年の時に講演を聞いた木村栄《ひさし》（天文学者）など優れた人材を世に送り出していました。

宇吉郎が入学したのは、第7代の溝淵進馬《みぞぶちしんま》校長（在任1911～1921年）の時代です。校長の温厚な人柄と当時の大正デモクラシーの新思潮のもとで、学校には学生たちの「自治・自律」の精神や「超然主義」の気風が満ちていました。

学生たちの間では哲学書を読むことが流行し、中谷博士も図書館で借りたカントの「純粋理性批判」の英訳本を机の上に飾っておいたり、岩波書店刊の哲学叢書《そうしょ》の装幀《そうてい》が学問的に見えたのでそれに凝ったりしたようです。

しかし、中谷博士の関心は、当時、日本に紹介されはじめたヘッケルの「宇宙の謎」やダーウィンの「進化論」の方にありました。3年生になると顕微鏡実習や解剖をやり、生物学に強い意欲をもちました。

四高3年の時、弓術部主将になった宇吉郎（写真提供：中谷宇吉郎記念財団）

それを物理学へと変えたのは、3年生の終わり頃に読んだ哲学者、田辺元《はじめ》の「最近の自然科学」だったと随筆「私の読書遍歴」で紹介しています。物理の入学試験には力学があったので、大急ぎで勉強し1922年3月に四高を卒業した中谷博士は、同年4月東京帝国大学理学部物理学科に入学しました。

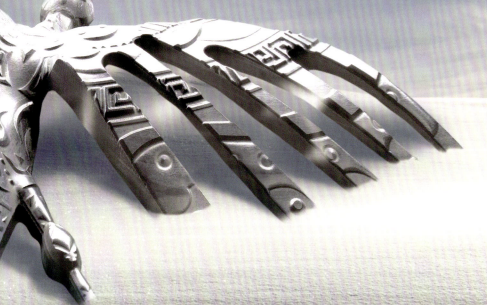

www.sodick.co.jp
要素技術の全てを自社開発・製造する
だから、不可能を可能にできる
世の中にないものをつくり
お客様の課題を技術力で克服し
ものづくりをかえていく
総合機械メーカー　ソディック
放電加工機　マシニングセンタ
射出成形機　セラミックス
食品機械　LED 照明

回想 3

妹芳子が語る宇吉郎少年

江沼地方史研究会2代会長
民俗学者
山下久男《やましたひさお》

片山津の中谷呉服雑貨店

加賀市動橋町《いぶりはしまち》在住の宇吉郎の妹さんの黒瀬芳子さんは、この家について次のように語られた。

「家は今の片山津信用組合（昭和33年加賀信用組合と改称）と土産物店さかいやの間—森本旅館あとにあったが、屋敷はおよそ300坪か、家は間口10間で、呉服と雑貨の店はそれぞれ半分であった。奉公人は男二人、女三人いたが、呉服のかつぎ売りの者も、二、三人出入りしていた。店にて何でも売っていた。雑誌類や立川《たつかわ》文庫*なども売っていた」

中谷家と親類になる中出盛好さんは中谷雑貨店の模様を次のように話して下さった。

山下久男（1903〜1982年）　加賀市南郷町生まれ。慶應義塾大学文学部で折口信夫に学ぶ。金沢第一高等女学校教諭の後、岩手県の遠野中学校、遠野第一高校に勤務する傍ら民俗学を探求。金沢民俗談話会や江沼地方史研究会の創設に参画。日本民俗学会評議員、加賀市文化財専門委員長、加賀・江沼俳文学協会長などを歴任。1970年加賀市文化賞受賞。

丸中屋。奥が呉服、手前が雑貨の店で、その間にショウウィンド―があり、ハイカラな店と評判だった（写真提供:中谷宇吉郎記念財団）

「中谷さんの雑貨店の開業は明治の中期で、芝山堂と称し、㊥が店の印であった。大正6、7年頃—私の幼年の頃、この店の飾り窓の装置のセンスは、子供ながら私の童心を魅了した。月々飾り窓に出された『日本少年』＊を待ちこがれた。後年、治宇二郎様（宇吉郎の弟）から、有本芝水の詩集『旅人』をもらった。晩年の宇吉郎さんから飾り窓はすべて、治宇二郎さんの創意であったと承りました」

この回想は、山下久男著『中谷宇吉郎の幼少年時代』（加賀市立図書館、1973年）の一部を抜粋して小見出しを付したものです。表記を一部改めています。

＊立川文庫＝大阪市の出版社である立川文明堂が、1911年から1924年にかけて刊行した文庫本シリーズ。「書き講談」形式の「真田幸村」「猿飛佐助」など当時の小学生から大人まで幅広い人気があった。

＊『日本少年』＝実業之日本社が1906年に創刊した少年向け雑誌。

几帳面な父卯一

宇吉郎は学校に出ない頃から勉強を好み、字を覚え、字を書くのもひと並み以上にすぐれていた。片山津の親類の高橋医院の看板を上手に書いたので、大人たちはあっと驚いたというが、その時はたった6歳であった。

彼はまた将棋が得意で大人と試合しても勝った。このため近くの温泉宿によく出入りして、大人たちを相手に将棋をたたかわせたものである。

この様子をみた父は宇吉郎はちょっと変わっているなと思い、その才能をのばしてやりたいと思うようになった。その父は商売のほかに、九谷焼に異常な愛着をもち、自らその庭に窯《かま》を作って九谷焼を焼くといったふうの凝り性《こしょう》の一面もあった。

父はその子供を厳しくしつけもした。物差しを置くのにも畳の目にそうて正しく置くように子供に命じた。

父は品物で目方売りのものは一々正確に目方をはかり、それに応じた値段を一々そのものにつけて置いた。そういう几帳面《きちょうめん》さがあった。

ある時、宇吉郎がいたずらをしたので父は宇吉郎を裏の片山津の潟の水に首までつけたことがあった。きびしいなあと思った。

度量の大きい母てる

母はどう考えていたか。母は大聖寺の京逵《けいき》小学校4年、同高等科4年(当時は尋常科、高等科はそれぞれ4カ年であった)を出てからお裁縫《さいほう》を習いに通っていた。娘の時分から子供が出来たら、その子を最高学府まで出して、うんと勉強させたいと願っていた。弟治宇二郎が生まれるとすぐ離乳した母は、頭がよくなるというので、グズという川魚をさしみにして宇吉郎に食べさせたという。

この母は気がやさしくて、度量が大きかったから、小事にこだわらずあっさりしていた。ただものの要《かなめ》をおさえてあやまらなかった。男まさりで決して人の噂《うわさ》などはしなかった。あきらめが肝心だという方であったから愚痴《ぐち》一つ言わなかった。社交的であったが気取るところもなく、明朗そのもので、沢庵《たくあん》をいただく時などバリバリと音をさせていかにもおいしくてたまらないという食べぶりをしたのであった。父とは性格も異なっていたが、ただ子供の教育という点になると、この母も父と同様に、いやそれ以上に熱心だった。

そこで宇吉郎はいよいよ母の実家に送られ、そこから京逵幼稚園に通うこととなった、と妹の黒瀬芳子さんのお話がつづく。

やさしい兄宇吉郎

黒瀬芳子さんの思い出話によると、兄宇吉郎はさびしがりやでもあったが、茶目っ気もあり、意地っ張りなところもあった。小学生の頃であったが、頭に切りきずがあるので「どうした」と兄にきくと、兄曰《いわ》く「ああこれか、これは熊と喧嘩《けんか》してかきさかれた」と笑っていた。実際、巳次郎伯父さんの経営していたけいいか（大聖寺町法華坊にあった料亭）の石垣の上から誤って落ち、その時、怪我したのであった。

巳次郎伯父も字は上手であったが、宇吉郎を大変可愛がっていた。宇吉郎はまた妹芳子さんに厳しいところもあったがやさしく、とても可愛がっていた。夜ねる時もいろいろ面白い話をしてくれたという。芳子さんが高校にいた頃は古事記の本をわざわざ送ってくれたりもしたと今に懐かしがっておられる。

寄稿 2

雪博士をはぐくんだふるさと

中谷宇吉郎雪の科学館
前館長
神《かん》田《だ》健《けん》三《ぞう》

幼少期に見た片山津と白山

中谷宇吉郎博士の生家は、片山津にあった丸中屋という呉服雑貨の店でした。柴山潟の一部を埋め立てて片山津に温泉街ができて間もない頃でしたが、店には少し遠方からも客が来てにぎわいました。現在はその建物はなく、記念碑があります。

家の後方に広がる柴山潟（50・51ページの地図参照）は、当時の面積は現在の3倍ほどあり、梯《かけはし》川を通じて日本海につながっていました。たくさんの船が行き来し、橋立漁港で獲れた魚を船で片山津まで運ぶこともありました。水は今よりきれいで、宇吉郎もここで泳ぎ、中学の時はボートを漕いだりしました。

神田健三　１９４８（昭和23）年、福島県喜多方市生まれ。信州大学卒、高校教師を経て、94年、中谷宇吉郎雪の科学館の開設に携わり、97年から２０１４年まで同館長。以後、同館友の会会長。『天から送られた手紙［写真集 雪の結晶］』（１９９９）を執筆・編集。北欧のラトビアなどでワークショップを行い、国内でも雪や氷の魅力的な実験の普及につとめ、09年小柴昌俊科学教育奨励賞。

白山と柴山潟。宇吉郎の弟の治宇二郎は18歳の時に書いた『片山津温泉』で「倒《さかさ》に影を落とした白山こそ、天下にも冠絶した山の美景ではなかろうか」と称賛している（写真提供:筆者）

柴山潟の岸からは白山が見えます。特に雪をいただいた白山は美しく、崇高さを感じさせるほどです。

宇吉郎は晩年、中谷家の菩提寺《ぼだいじ》である興宗寺《こうしゅうじ》の先代の住職、但馬彰薗《たじましょうえん》氏に「雪を研究したのは子供の頃、白山の美しい雪景色を見ていたからです」と語ったそうです。研究の目的はいろいろ別にあるにせよ、顕微鏡で雪の結晶の美しさに感動するとき、幼少の頃見た白山の雪景色の美しさを思い出すことがあったのかもしれません。

1913年から1918年まで在学（現在は石川県立小松高校）
小松中学
1947年に門下生たちに絵を描いて与えた
称名寺
初代八十吉が、近所に家がある関戸弥右衛門の依頼で、雪の結晶の皿を制作
徳田八十吉宅
小松駅
粟津駅
興宗寺
山潟
中島
動橋駅
中谷家の菩提寺。中島の祖母に連れられてお参りに来た
中谷家の先祖の地。共同墓地に中谷博士の墓がある
──は大聖寺の下宿と片山津の自宅を徒歩で行き来した道路

中谷博士のふるさと南加賀

地図は 1909 年に測量したもので、
中谷博士が少年時代の地形です。

加賀三湖の一つで、小松中ボート部の友人と家までボートを漕いできた（戦後に地図の赤い破線以東の柴山潟と今江潟は干拓された）
中学生の夏休みに魚刺しを手にして魚を追い回した
中谷博士の生家があった（現在は生家跡の碑がある）
幼稚園、小学生時代に下宿する。藩政期は大聖寺藩の藩都
天崎
片山津
大聖寺町
大聖寺駅

宇吉郎の本籍は中島*にあり、そこは中谷家の先祖の土地で、お墓があり、祖父母が住んでいました。宇吉郎の没後は、宇吉郎の墓も中島につくられました。興宗寺は中島からそう遠くない月津にあり、彰薗住職によれば、宇吉郎が子供の頃、祖母と一緒に中島からこの寺まで歩いてきたことがあったそうです。

将棋が強く、6歳で病院の看板を書く

山下久男氏の著書『中谷宇吉郎の幼少年時代』には、宇吉郎が学校に出ない頃から字を覚えて、6歳のとき片山津の医院の看板を上手に書いたことや、将棋が得意で大人と試合しても勝ち、近くの温泉宿に出入りして大人たちを相手に将棋をたたかわせた、というエピソードが紹介されています。

しかし、宇吉郎が書いたたくさんの随筆を読んでも、将棋のことや看板の話は見つかりません。それはたぶん、宇吉郎が自慢や美談ととられかねないことは書かなかったためでしょう。

筆者が加賀市に来て雪の科学館の準備に参加して間もない頃、市内高尾町の山下一枝さんは、母から聞いた話として、宇吉郎が松見家にいた小学生の頃、将棋が強くて、何度やっても(母は)勝てなかった、と語ってくれました。また、高橋医院のご子息の本田俊彦氏は、今はない病院の建物や宇吉郎が書いた看板

*中島＝江沼郡動橋村字中島ホの158番地。現在の加賀市中島町。

の様子を絵に描いて見せてくれました。

将棋が強かったことも、6歳で看板を書いたことも、本当だったのです。

三森家を中心に、大聖寺で7年下宿

宇吉郎の才能を見出し、もっと伸ばしてやりたいと考えた両親は、当時江沼郡内で最も教育力が高いとされていた大聖寺町立錦城尋常高等小学校に入学させるため、6歳の幼稚園のときから、大聖寺町の母の実家三森《みつもり》家に宇吉郎を預けることにしました。

三森家は母てるの実家で、宇吉郎はここで生まれています。三森家は代々大聖寺で薬種商を営んでいました。てるは二代忠蔵の長女で、長男の敏郎は薬種商を継いでおり、宇吉郎が錦城小学校に入学する際の保護者として届け出ました。

なお、二代忠蔵の妻は柴田家から来たまつで、まつの姉のときが九谷焼の名工、浅井一毫《いちもう》の妻でした。また、忠蔵の女兄弟のふじが松見助五郎に嫁いでい

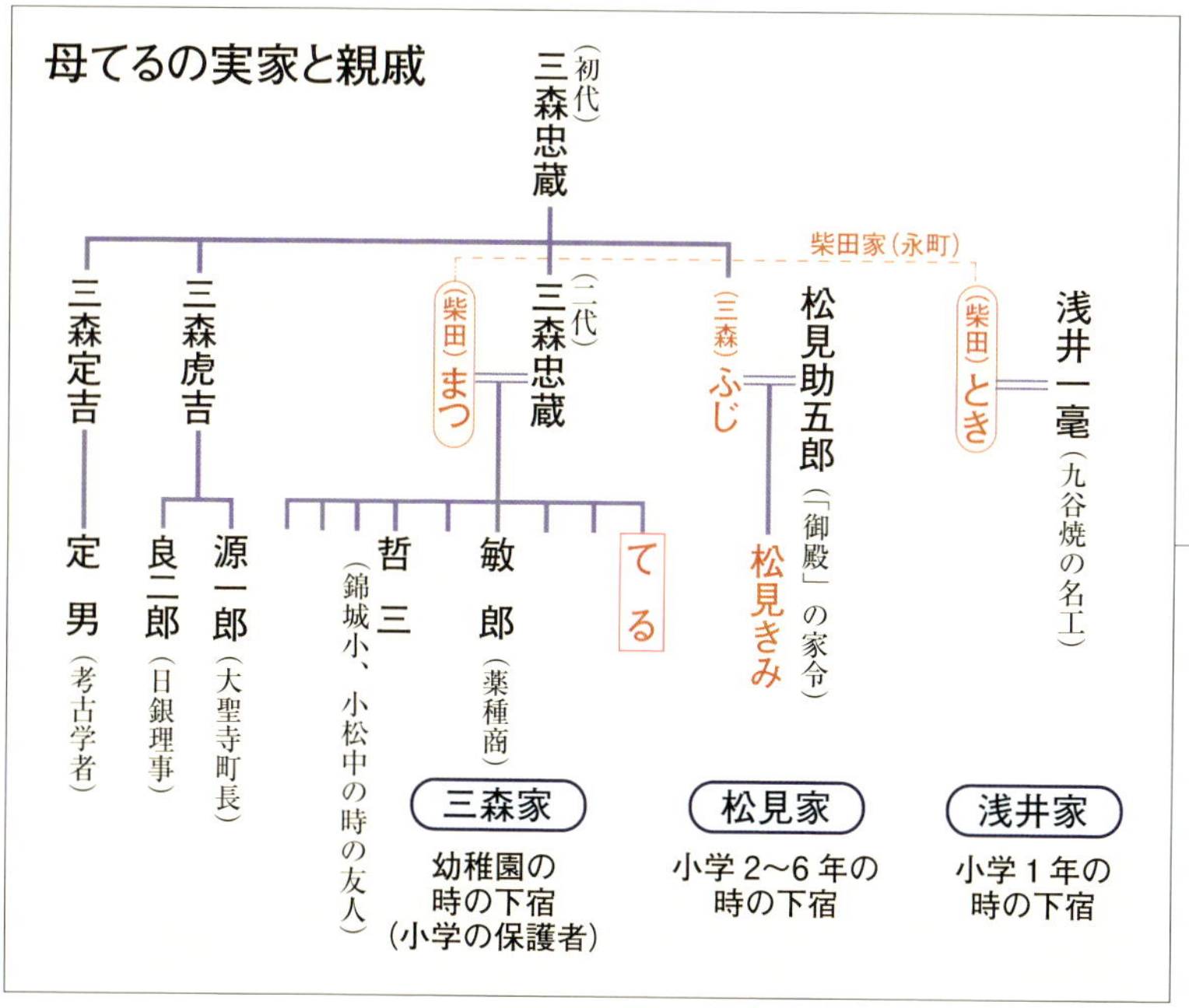

宇吉郎8歳のときの書

て、浅井家も松見家も三森家の親戚だったのです。

宇吉郎は、京逵《けいき》幼稚園に三森家から通い、錦城小学校の1年の時は浅井一毫《いちもう》宅に下宿し、2年から6年までは松見助五郎宅に下宿しました。

こうして7年間大聖寺町に下宿し、土曜には6キロほど離れた片山津まで歩いて帰り、月曜の朝は動橋《いぶりはし》まで歩き、そこから汽車で大聖寺へ行って登校する生活を続けたのです。てるの弟の哲三は宇吉郎の2歳年上で、宇吉郎と親しく世話をし、片山津まで帰る時に送って行きました。3年からは、同級の片山津の矢田松太郎（資郎）*も転校してきて松見家に下宿するようになったので、一緒に帰り、哲三が送る必要はなくなりました。

浅井一毫から赤絵の手ほどきを受ける

1年の時の下宿先は九谷焼の名工の浅井一毫宅でした。宇吉郎は随筆「九谷

＊矢田松太郎（資郎）＝のちの加賀市長。その子の2代目矢田松太郎（礼二）も加賀市長となり、雪の科学館を建設した。

焼」で一毫の赤絵の仕事を手伝ったと明かしています。籾殻《もみがら》で力一杯擦《こす》ると光沢が出る、手が痛くなったが、面白かった、などと。

哲三の子息、竹内昭一郎氏から十数年前私に送られた手紙に、哲三の話が紹介されていました。

「宇吉郎（と哲三）は浅井一毫から2、3年、赤絵の手ほどきを受けた。下絵《したえ》、上絵《うわえ》の描き方など、厳しくしごかれた」とあり、下宿した1年間だけでなく、哲三も一緒に厳しく指導されたようです。

宇吉郎はまた、父の厳命で九谷陶芸家の中村秋塘《しゅうとう》に英語を習いに行き、全昌寺の和尚から習字を習うなどしています。「幼い頃から、名工と名付くべき人の特殊な感化を受けるようにと、父の深遠な理想があったのかも知れない」と宇吉郎は随筆「九谷焼」に書いています。

浅井一毫

後年、宇吉郎は病気で研究から離れていた頃、墨絵を始めました。目の前のものを観察して描くだけでなく、結晶を5つ配置した雪華図の定型を作りました。それに「雪は天から送られた手紙である」などと賛を入れ、たくさんの友人に贈りましたが、こうした定型を作るのは、職人の仕事の仕方に似ていると思います。一毫にしごかれて身についたことではないか、と思うのです。

父は九谷焼に強い愛着をもち，自ら窯を作って焼くほどで、宇吉郎を九谷の陶工にするため、工業高校の窯業科に入れようと考えていたようです。しかし、小学を卒業する頃父が急死したこともあり、小松中学へ進学し、以後、四高、東大へと進んで物理学者としての道を歩むことになりました。

御前様とお話を楽しむ―松見家での5年

2年から卒業までの5年間は前田利鬯《としか》旧大聖寺藩主のお世話をする「家令《かれい》」で、親類の松見《まつみ》助五郎宅に預けられました。そして、その真向かいにあった「御殿」と呼ばれた旧藩主居宅に松見家の祖母に連れられて親しく出入りすることになりました。

御前様（奥方の前田正《さだ》）は、宇吉郎が行くと上座からそば

宇吉郎が習字を習った全昌寺。五百羅漢で知られる＝加賀市大聖寺神明町

加賀市在住の画家・高木洋太郎氏が描いた御前様と話す宇吉郎

までおりてきて、学校でのできごとや町の様子などを尋ねました。宇吉郎はその頃読んだおとぎ話や『通俗三国志』などを得意げに話し、ご前様とお話するのが楽しみになりました。

松見家で、宇吉郎は厳しいしつけを身につけました。一人娘のお君《きみ》は宇吉郎の勉強相手もしました。

宇吉郎の随筆「御殿の生活」は東大で寺田寅彦《とらひこ》の指導を受けていた頃のものです。「本格の生活」を目指しながら、理想と現実の間で悩む時、「理由なく昔の御殿の生活が懐かしく思い返されてくる」と書いています。

後に、お君は石川県立第二高等女学校の教諭となり、教え子だった（寺垣）静子に宇吉郎との結婚をすすめました。

松見宅で宇吉郎が下宿した部屋。取り壊され、現在はない（写真提供:筆者）

現在、御殿があったところは耳《みみ》聞《き》山《やま》公園になっていますが、御殿の建物は、竹渓館《ちっけいかん》の名で江沼神社の境内に移築され、御前様と対面した部屋もそのまま残されています。

また、松見家の建物は10年ほど前まで使用されていて宇吉郎がいた4畳半ほどの部屋もありましたが、その後取壊され、宅地開発されました。当時の背の高い松の木だけが残されています。

2 1923−1928年

東京帝大から理研へ

中谷博士が学生として通った東京帝国大学は
加賀藩の江戸藩邸跡で、赤門が今も残る

学生生活を支えた匿名奨学金

1922（大正11）年4月に東京帝国大学理学部物理学科に入学した中谷博士は、大学にほど近い池之端《いけのはた》で下宿しました。そこへ毎月末になると大阪にある新聞社の社員から50円の為替が送られてきたのです。

これは、中谷博士が金沢の四高《しこう》3年生のとき、溝渕進馬《みぞぶちしんま》校長から大学進学した場合の学資について相談があると呼ばれ、支給を打診された奨学金でした。校長によると、関西の匿名《とくめい》実業家が▽各高等学校から1人ずつ月額50円を3年間、奨学金を出す▽これの返済義務はなく、返済先も知らせない▽四高から君を推挙したいというのでした。貧乏学生だった中谷博士には不思議に思えるほどいい条件だったので、校長に推挙を頼んだのです。

50円というと当時、「一流の下宿にいて、相当本も買い、時には映画を見たり、コーヒーをのんだりしても充分」という金額で、母てるが片山津で呉服商をして、自分や四高生になっていた弟の治宇二郎の学費をなんとか工面している状況を憂えていた学生宇吉郎にとって、願ってもないお金でした。

池之端の下宿には、片山津から母や妹を呼び寄せて家族で暮らせるようになりました。溝渕校長の配慮によって経済的基盤を与えられ、中谷博士は勉学の道を歩むことができたのです。

理論物理から実験物理へ

宇吉郎青年は当初、理論物理を志していましたが、これを実験物理へと転換したのは、中谷博士が生涯にわたって師と仰いだ寺田寅《とら》彦《ひこ》博士との出会いでした。

寺田博士は1878（明治11）年に東京で生まれましたが、幼くして父母の郷里である高知へ転居し、高知生まれで旧制の高知県尋常中学校で教師をしていた溝淵進馬に学びました。熊本の第五高等学校では英語教師だった文学者、夏目漱石の知遇を得ます。東京帝国大学理科大学、同大学院へと進み、1916（大正5）年には教授に就任しました。

青年宇吉郎は2年生になった23年に初めて寺田教授の実験指導を受けました。物理本館の薄暗い地下室で行った地味な実験でしたが、寺田教授の細かい指導を体験し、自分に合っているのは理論物理ではなく実験物理だと確信したのでした。高知で師弟であった二人の教育者が相次いで青年宇吉郎の進むべき道を開き、才能を開化させていくのです。

関東大震災の痛手から立ち直る

寺田教授の実験指導を受けた年の9月1日、東京、神奈川を中心とする南関東に甚大な被害をもたらした関東大震災が発生しました。池之端の下宿は全焼し、持ち出せた荷物はわずかに風呂敷包み2つほどでした。父卯一から預かった古九谷もすべて失いました。大学も被害を受け閉鎖されたので、一家はいったん郷里の片山津へ身を寄せました。

経済的にも精神的にも苦境に立った宇吉郎青年を励ましたのは、四高の同級生で一緒に東大の物理学科に入っていた桃谷嘉四郎とその兄、桃谷幹次郎でした。

嘉四郎は和歌山県北部の景勝地、和歌浦にあった別邸に宇吉郎を招いて元気づけました。寺田教授のもとで研究生活を続けることを断念し、理科系の知識を活かせる会社勤めを考えたりしていた宇吉郎でしたが、大手化粧品メーカーの桃谷順天館を経営していた幹次郎は、「そういう偉い先生に個人的に接触する機会があるならそれを逃がすのは損だ」と諭し、東京・本郷にあった桃谷家の四畳半を宇吉郎に提供してくれたのです。

もう一人、宇吉郎を激励したのは、赤玉ポートワインの販売で成功を収めていた寿屋《ことぶきや》（現在のサントリーホールディングス）の創業者、鳥井信治郎でした。桃谷家に滞在した宇吉郎は足を伸ばし、これまでもらってきた月々50円の奨学金のお礼を述べようと、領収書の送り先を訪ねたのです。そして、宇吉郎は奨学金を出してくれたのが実業家、鳥井信治郎であることを初めて知りました。鳥井は震災の被害を案ずる宇吉郎に「大分被害はあったが、君たちの学資など問題ではない。それよりも気を落とさないで、しっかり勉強しなさい」と激励しました。

震災から2カ月後の11月には大学が再開し、2人の関西実業家から支援を受けた宇吉郎は勉学に復帰することができたのです。

理研の寺田研究室へ

震災の年の12月25日、東大の物理教室の教授や卒業生、学生による懇親会「ニュートン祭」が開かれました。この会全体の会計を寺田寅彦教授が、学生の会計を宇吉郎が担当したことから、翌日の晩、宇吉郎は会計簿と残金をもって曙町（現在の文京区本駒込）にあった寺田教授の家を訪ねました。これを機に宇吉郎は教授の家をしばしば訪問し、その応接間で夜中まで話を聞くことで元気づけられ、物理学に対する向学心を強くしたのでした。

大学3年になった宇吉郎青年は、寺田教授の指導の下で水素の燃焼実験に取り組み、実験物理学者としてのスタートを切りました。

１９２４（大正13）11月、前年11月に発足し学内外で講演会活動などを行ってきた理学部会の「理学部会誌」第1号が刊行され、中に宇吉郎の「九谷焼」が掲載された。理学部会の学生委員として盛んに活動していた宇吉郎が、随筆デビューを飾った作品で、寺田教授だけを読者に想定して書かれたといいます。

25年3月、25歳の青年宇吉郎は東大理学部物理学科を卒業し、理化学研究所（理研）に就職しました。

理研は、13年に高峰譲吉が「国民科学研究所」の必要性を提唱し、渋沢栄一や桜井錠二らとともに設立運動を展開した結果、17年に財団法人理化学研究所として設置されました。第3代所長に就いた大河内正敏の誘いで、24年から寺田寅彦が入所し、寺田研究室ができていました。そこに宇吉郎が採用され、3年間勤めたのです。

理研では寺田教授の指導の下で「電気火花」の研究を行い、充実した日々を過ごしました。同僚にも恵まれ、その中には東大同期で、金沢出身の国文学者藤岡作太郎の長男である藤岡由夫もいました。そんな関係もあり、1927（昭和2）年の11月、宇吉郎は由夫の妹、綾子と結婚し、曙町に新居を構えました。

理化学研究所の実験室で「長い電気火花の形および構造の研究」をしていた26歳の宇吉郎

（写真提供:中谷宇吉郎記念財団）

北大行きとイギリス留学

１９２８（昭和３）年２月、宇吉郎は北海道帝国大学に新設される理学部の実験物理の教授に予定され、文部省留学生としてイギリスへ旅立ちました。新婚の妻、綾子は兄の藤岡由夫の家で暮らしましたが、同年５月、ジフテリアが悪化して亡くなります。ロンドンに着いたばかりの宇吉郎はその知らせに愕然《がくぜん》としました。異郷で訃報《ふほう》に接した宇吉郎は、たくさんの油絵を描き傷心を癒《い》やしたといいます。

ロンドンでは郊外の住宅地に下宿し、キングス・カレッジで、リチャードソン教授の指導を得て長波長X線の研究を行いました。イギリスの物理学会の中心人物とも親交を結び、霧箱の研究で知られるノーベル物理学賞受賞者ウィルソンとも交流しました。１９３０年２月に帰国した宇吉郎が、研究成果をウィルソンに送ると、王立学会に紹介し、校正までしてくれたといいます。

この留学の一時期、宇吉郎は弟・治宇二郎とともにパリの日仏学生会館で暮らしました。治宇二郎は考古学者として研究するためにパリに留学していたのです。貧乏暮らしで、希望を胸に抱く兄弟には掛け替えのない時間でした。

1929年、パリで弟の治宇二郎（左）と。治宇二郎は自著の印税でパリ留学し3年間、考古学を研究した（写真提供:中谷宇吉郎記念財団）

寄稿 3

ふるさとの先輩、同級、後輩

中谷宇吉郎雪の科学館
前館長
神《かん》田《だ》健《けん》三《ぞう》

服部報公賞と桜井錠二博士

中谷博士は1938（昭和13）年10月、雪の結晶の研究が評価され服部報公賞を受賞しました。この賞は、1930（昭和5）年に服部時計店の創業者、服部金太郎が私財で創設したもので、翌年から賞の贈呈を行っています。

この賞を授与する財団「服部報公会」の初代理事長は石川県金沢市出身の化学者、桜井錠二博士*でした。桜井博士は、高峰譲吉博士*らとともに理化学研究所の創設に尽力し、また日本学術振興会の設立に関わるなど、日本の学術隆盛に大きな貢献をしています。中谷博士は同郷の大先輩から服部報公賞を受けたのです。

贈呈式の記念写真には、郷士から現れた若い才能の前で桜井博士が端正な姿

*桜井錠二博士（1858〜1939）　金沢出身の化学者で理化学研究所の創設などに貢献した。

*高峰譲吉博士（1854〜1922）　高岡出身の科学者、工学・薬学博士。タカジアスターゼ、アドレナリンを発明した。

でいすに座っています。博士は翌年1月に亡くなりました。伊東温泉で肝臓ジストマの治療中だった宇吉郎にとって、受賞は大きな励みになったと思われます。

なお、この時一緒に受賞した人に、後にノーベル物理学賞を受けた湯川秀樹博士*がいます。湯川博士と中谷博士は、後に公私にわたって親しく交流するよ

服部奉公賞授賞式後の記念写真。後列右が中谷博士、その左が湯川博士、前列右が桜井博士（写真提供:中谷宇吉郎記念財団）

*湯川秀樹博士（1907〜1981）京都市出身の理論物理学者。日本人初のノーベル賞を受賞した。

うになりました。

初代徳田八十吉による雪の絵皿

服部報公賞受賞を祝い、中谷博士の門下生である関戸弥太郎の父・弥右衛門から、小松の九谷焼の名工、初代徳田八十吉*に特注した雪の中皿5枚組が博士に贈られました。

この皿の絵柄は、色々な雪の結晶が写実的に描かれ、九谷五彩で色付けされています。

初代徳田八十吉作「中谷先生冬の華写意 角皿」（中谷宇吉郎雪の科学館蔵　写真提供:小松市立博物館　撮影者:尾見重治）

弥右衛門が博士に宛てた手紙（昭和13年12月7日付）には、「先生の『冬の華』を（初代八十吉に）拝読して貰《もら》いまして昔の古《こ》九谷陶土《くたにとうど》をえらび、雪の模様を古九谷式に写し

---

*初代徳田八十吉（1873〜1956）　明治から大正、昭和を生きた小松の九谷焼の名工。古九谷を学び、吉田屋窯風の作風を得意とした。

…」とあります。中谷博士の最初の随筆集『冬の華』はこの年9月に出版され、学生の時に書いた「九谷焼」もこれに載っていました。初代徳田八十吉はこれらを読んでから制作に取り掛ったのでしょう。

八十吉が5枚の皿に描いた雪の絵柄は計23種26個あり、これらは「北大理学部紀要」に掲載した中谷博士の4つの論文に載った写真に、一致するものが見つかりました。これらの論文は、弥太郎が八十吉に提供したのでしょう。

受賞から3年後に中谷博士は初代八十吉と会っています。1942（昭和17）年6月、小松中学から講演に招かれた時、宇吉郎は八十吉の錦窯*を訪ねました。関戸父子も一緒でした。この日の日記に中谷博士は「九谷面白《おもしろ》し」と記しました。雪の絵皿のことはもとより、九谷焼をめぐって大いに話が弾んだものと思われます。

墨絵雪華図を弥右衛門に贈る

八十吉作の雪の絵皿をもらったお礼に、中谷博士は後年、墨絵で雪の結晶を描いた雪華図の掛け軸を関戸弥右衛門に贈りました。

伊東温泉で療養していた頃、宇吉郎は随筆や油絵を楽しみ、墨絵も始めていたのです。墨絵は短い時間で描けるので忙しい人向きだと考え、友人から贈ら

＊錦窯＝小松市大文字町にある九谷焼作家徳田八十吉各代の工房。現在は工房跡を利用した展示館。

れた寺田寅彦の水彩画に接したことも、墨絵を始める契機になりました。金沢の友人で日本画家の中村皓《こう》が作った墨色図鑑を見て、墨の奥深さに惹《ひ》かれ、ある出会いから、名墨を手に入れることもできました。

中谷博士は墨絵の最初に雪の結晶を描きました。まず1枚にたくさんの結晶を描いてみたが納得できず、いろいろ試みて、5つの結晶を配した構図にたどり着き、これを定型としました。

弥右衛門に贈った掛け軸は、この定型ができて間もない頃の作品です。これに「一片の雪の中にも千古の秘密がある」の賛を入れ、「雪華之図　宇吉郎写」と記しました。これを贈った日は、掛け軸に添えた手紙から2月9日であり、年は1941（昭和16）年だと思われます。

この後、学士院賞受賞を境に、中谷博士は雪華図の賛を「雪は天から送られた手紙である」に変えます。

中谷博士が関戸弥右衛門に贈った掛け軸

宇吉郎の色紙「一片の雪の…」＝亀の井別荘に隣接する中谷健太郎氏「庄屋」に所蔵

木村栄博士と茅伊登子

金沢出身の天文学者、木村栄《ひさし》は岩手県の水沢緯度観測所でZ項*を発見し、世界的に注目された人物です。

中谷宇吉郎が小松中学5年の時、木村が中学校に講演に招かれました。乱暴な話のようですが、このとき校長（島田敬恕）は、生徒がわかってもわからなくてもよいからZ項の話をして欲しいと頼み、木村は難しい数式を黒板に書き、緯度変化の専門的な内容を2時間講演しました。このとき宇吉郎は講演の筆記係を命じられ、ずいぶん苦労した末に何とか講演録*にまとめたというのです。

ちなみに、木村栄の長女・伊登子《いとこ》の夫は、北海道大学（以下北大）理学部で宇吉郎と同僚で後の元東大総長の茅誠司《かやせいじ》です。宇吉郎と茅は、北大に赴任する前の欧州留学の時（1929年）、ドイツ、フランスなどを一緒に旅行していました。時にはユーモアを含むやりとりが、2人の随筆にたくさん出てきます。そして、加賀市中島町の宇吉郎の墓には、終生の友人である茅の友情溢《あふ》れる墓碑銘が置かれているのです。

茅伊登子は雪の科学館の落成式に出席し、レセプションで、両親が金沢出身で同じお国同士ということもあり、家族ぐるみで大変親しくさせていただい

＊Z項＝1902（明治35）年に木村栄が発見した地球の緯度変化の計算式の第3項。極運動以外の経度に無関係な1年周期で現れる成分。

＊講演録＝校友会誌「志良峰」に掲載されたが、現在、小松高校に保存されたファイルには講演録が載ったと思われる号が欠けている。

た、とあいさつしました。

高野與作と凍上問題の解決

高野與作《よさく》は四高《しこう》（旧制第四高等学校＝金沢）の同級で、中谷博士と一緒に東大に進学し、卒業後は満州鉄道に就職して鉄道建設に尽力しました。ところが、酷寒のため線路の地面が凍ってデコボコに隆起する「凍上《とうじょう》」の問題に直面し、中谷博士に対策を相談したのです。

同じ頃、札幌鉄道管理局からも同様な相談が中谷博士に寄せられ、寒冷な地域に線路や道路、建築物などを作る時は凍上が大きな障害になるという問題が浮上していました。

そこで中谷博士は満州や北海道の凍上の現場へ出向き、早朝に掘った地面を詳しく観察し、凍上の原因は（地表面でなく）地中にできる霜柱《しもばしら》だと見きわめました。霜柱は細かい土の毛細管現象で地中から上

満州（中国東北部）の高野與作の自宅で。左から茅誠司、高野三女・悦子、高野、高野次女・光子、妻・柳、長女・淳子、中谷博士（写真提供：中谷宇吉郎記念財団）

がった水で成長します。そこで、霜柱ができる深さ近くの土を目の粗い砂利に置き換える対策を考案しました。高野はそれを実施に移し、凍上をなくすことに成功しました。その工法は北海道や中国東北部の鉄道や道路、空港などに生かされていきます。

高野の三女で岩波ホール支配人・高野悦子は著書『黒龍江《こくりゅうこう》への旅』の中で、戦後黒河を訪れた時、その凍上対策の工法が中国側から感謝されたことを記しています。

凍上調査などで満州へ行くとき、中谷博士は與作の自宅に泊り、高野家の家族と親しく交流しました。茅誠司（元東大総長）も同行することがあり、茅は「宇吉郎の友人で一番仲が良かったのは高野與作さんだった」と書いています。

高野悦子が大切に守ってきたもの

高野悦子は、中谷博士とは子供のころから家族のように親しく交流してきました。

石川近代文学館に、かつて中谷博士と他の3人を「自然と造形への挑戦者」として展示する部屋がありました。そこに

中谷宇吉郎雪の科学館を訪れた高野悦子（1999年）

「悦子のために　白百合の花弁に七色の色を見る」と中谷博士がサインした本がありました。悦子は、中谷博士から高野家に贈られた本を文学館の開館時にたくさん寄贈したのでした。

そして、中谷博士の没後50年（２０１２年）の頃、悦子は大切に守ってきた宇吉郎の掛け軸や絵18点を雪の科学館に寄贈しました。同科学館は企画展「中谷宇吉郎と高野與作」を開いてこれらを紹介しましたが、特に注目されたのが、「雪は天から送られた手紙である」の初出と考えられる雪華図《せっかず》の掛け軸でした。

中谷博士が奉天の高野家に滞在中に、来訪した新聞記者から学士院賞の受賞が決まったことを知り、３月に與作のために書いたものです。５月13日の授与式以後は同様な掛け軸を門下生や友人に贈り、次第に中谷博士の名言として知られるようになりました。

高野家から雪の科学館に寄贈された掛け軸や絵が展示された2012年開催の「中谷宇吉郎と高野與作展」

研究を支えた小松中の後輩たち

中谷博士の母校、旧制小松中学（現小松高校）から北大へ進んで宇吉郎の研究を支えた後輩たちがいました。

関戸弥太郎

関戸弥太郎は、十勝岳での天然雪の観測に初回から参加しました。雪の降る間ずっと外に立って降雪の種類と頻度《ひんど》を記録するという大変な役割を担い、零下15℃前後の寒さの中で計71時間続けたといいます。

中谷博士の雪の結晶の分類の論文は関戸との共著で発表されています。卒業後は1年間、助手として人工雪実験に参加しました。

後に、理化学研究所や名古屋大学で宇宙線の研究を行い、大きな業績を残しました。

関戸は中谷博士と共に進めた研究を短歌にして偲《しの》んでいます。

「馬《ば》橇《そり》にて深山《みやま》の林進む時透明な雪にしばし息のむ

1936年3月、北大理学部物理学科の卒業生と教授の記念撮影。左から5人目が中谷教授、6人目が茅誠司、右端が関戸弥太郎（写真提供:中谷宇吉郎記念財団）

上富良野」
「師のペチカなつかし雪の華の写真仕分けて名を付けし夜」
（歌集『旅の小窓』より）

孫野長治

孫野長治（112ページに回想文）は、人工雪の実験で得られたナカヤ・ダイヤグラム*が上空の雲でも成り立つことを、観測によって実証しました。人が雲の中に入って調べるのは困難なので、代わりに雪ゾンデ*を開発して雲の中に送ったのです。それは、雪を次々に自動的にレプリカにして結晶の形を残す装置で、これを気球に付けて雲に飛ばしました。ゾンデの約6割が回収され、雪のレプリカの形と、気象データの関係を分析できました。

孫野は、北大の地球物理学教室の教授として、中谷博士の研究を引き継ぎました。

田中久一郎

田中（106ページに回想文）は、小松中学で聞いた中谷博士の講演に感動して北大に進学しました。博士との交流を書き残し、「中谷先生の教え」を5項目にまとめています。

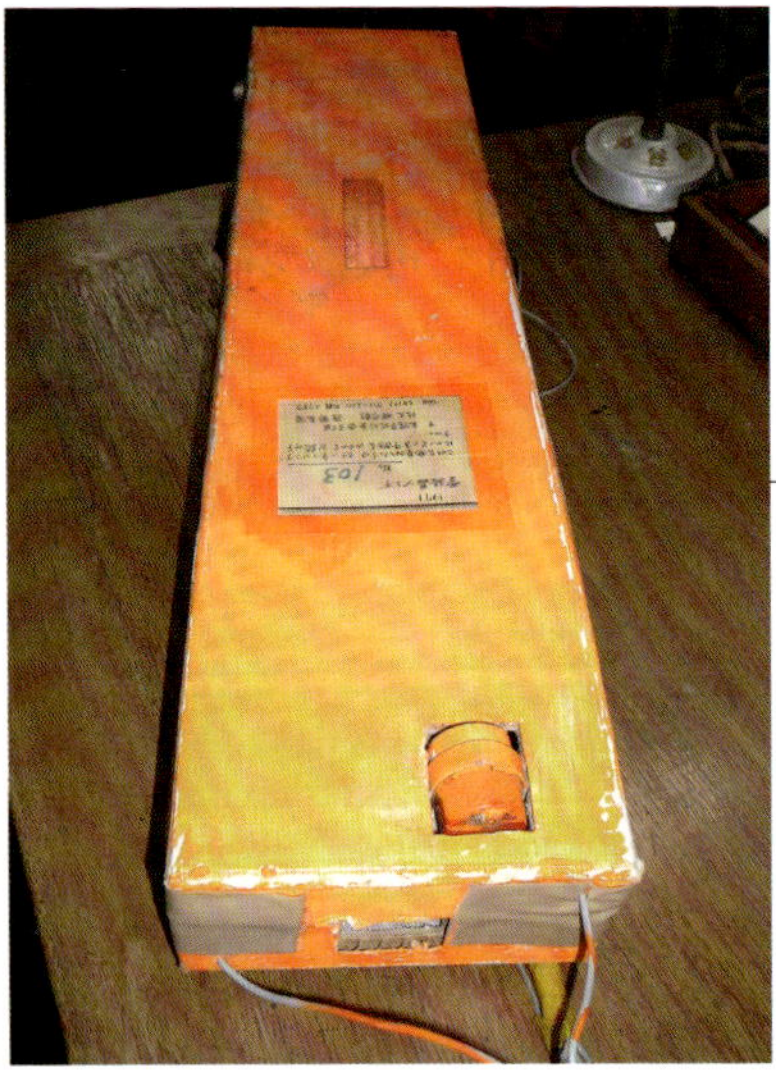

*ナカヤ・ダイヤグラム＝横軸に温度、縦軸に水蒸気過飽和度をとって、雪結晶形との関連を描いたもの。

*雪ゾンデ＝雲の中でできる雪を捕らえてその形を連続的に記録する装置。気球につるして雲の中に運ぶ。

孫野（左）と中谷（中）。右は古市二郎・ゆりえ夫妻
（写真提供:中谷宇吉郎記念財団）

中谷先生の教え（田中久一郎の記録）
1、人には親切に。
2、自然をよく見よ。あらゆる手段を尽くして。
3、何が一番の本質かを考えよ。
4、金がないから研究が出来ないと言うな。金がなくてもできるのが研究だ。
5、習ってないから知らないとか、教えられないとか、言うな。中学（現在の高校）を出ておれば、自分で学ぶことが出来る。

田中は金沢大学工学部で、摩擦など、トライポロジーという分野の研究で世界的な業績を上げました。
博士の没後、田中は地元の門下生の代表として、雪の科学館の展示専門委員などを歴任し、協力を惜しみませんでした。この3人の他、中谷迪《なかたにただし》、和泉荘一郎、藤岡敏夫を加えた6名の小松中OBが、北大へ進み、博士の門下になりました。

講演で帰郷、称名寺で墨絵を描く

小松中学や四高、片山津中などから講演に招かれて帰郷したとき、中谷博士はいくつもの会合に出て交流し、歓待されました。

1942(昭和17)年6月の帰郷は、学士院賞受賞、北大低温科学研究所の発足、そして太平洋戦争開戦の翌年でした。講演では低温科学の重要性を説き、科学的な考え方の大切さについて話しました。

中谷博士は努めて、予定されたいくつもの会合に出ました。四高小松会では、学生たちに、北大に来ないかと呼びかけました。その後、藤岡敏夫がこれに応えて北大へ進みました。藤岡は低温研

1942年6月、金沢の片町にあった大丸で開かれた四高小松会。2列目中央の背広姿が中谷博士。左は四高生物教師の川島、後列左端は藤岡

❄中谷博士の偉業を後世に❄

博士ゆかりの柴山潟周辺湖畔の整備を提案

(1) 加賀市のゲートウェイ整備

加賀市の玄関口である「源平橋」「手塚山公園」周辺の整備を提案。

(2) 柴山潟に7つの眺望スポットを創り出すよう要望

美しい景観や七色に変化する柴山潟の水面を体感できるスポットの整備。

(3) 柴山潟に周遊する楽しさを創り出すよう要望

八日市川・動橋川の河口エリアに、周遊の拠点となる施設を提案。

加賀商工会議所

石川県加賀市大聖寺菅生ロ17－3
TEL 0761-73-0001　FAX 0761-73-4599
MAIL：kaga@kagaworld.or.jp
HP：http://kagaworld.or.jp/

会　頭　新家康三
副会頭　東野哲郎
副会頭　岸　省三
副会頭　宮本峰幸
専務理事　西出正光

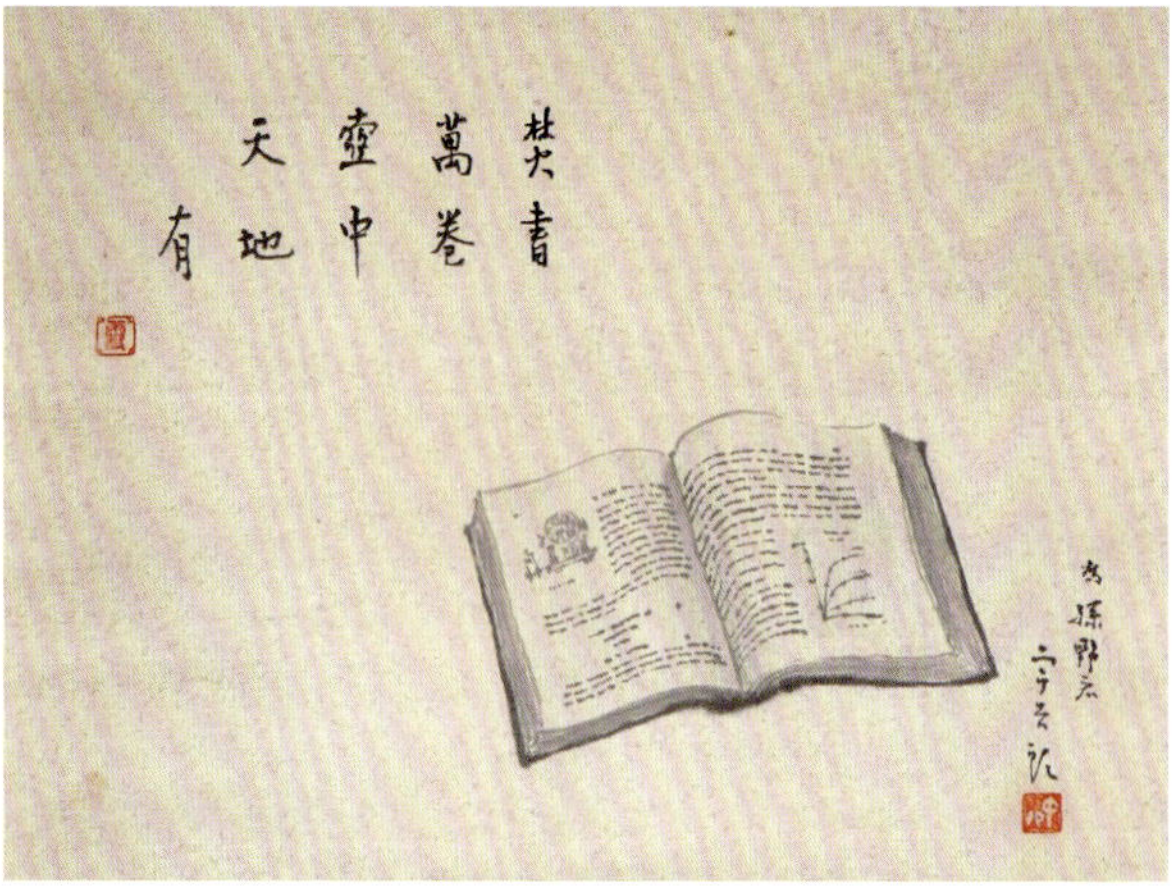

中谷博士が孫野長治に
贈った墨絵「物理書」

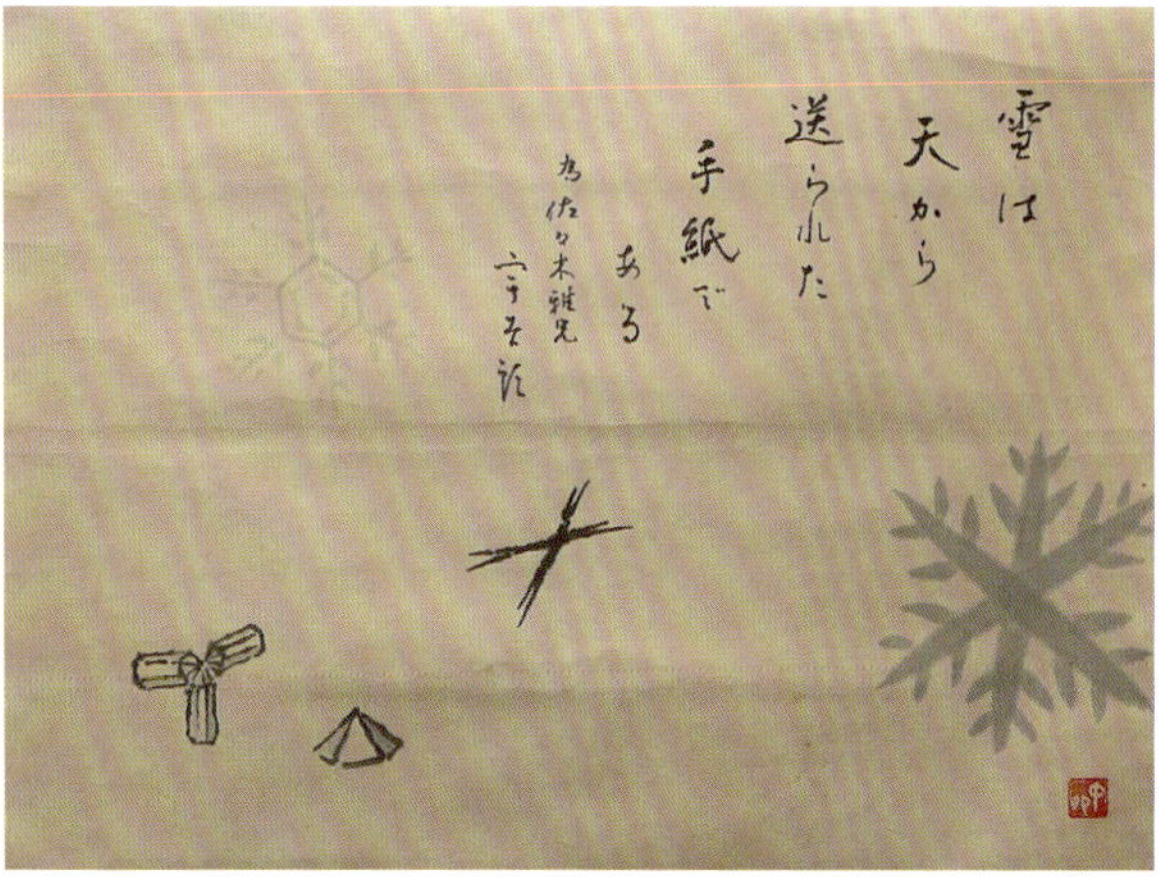

中谷博士が称名寺の
佐々木住職に贈った墨絵
「雪華図」

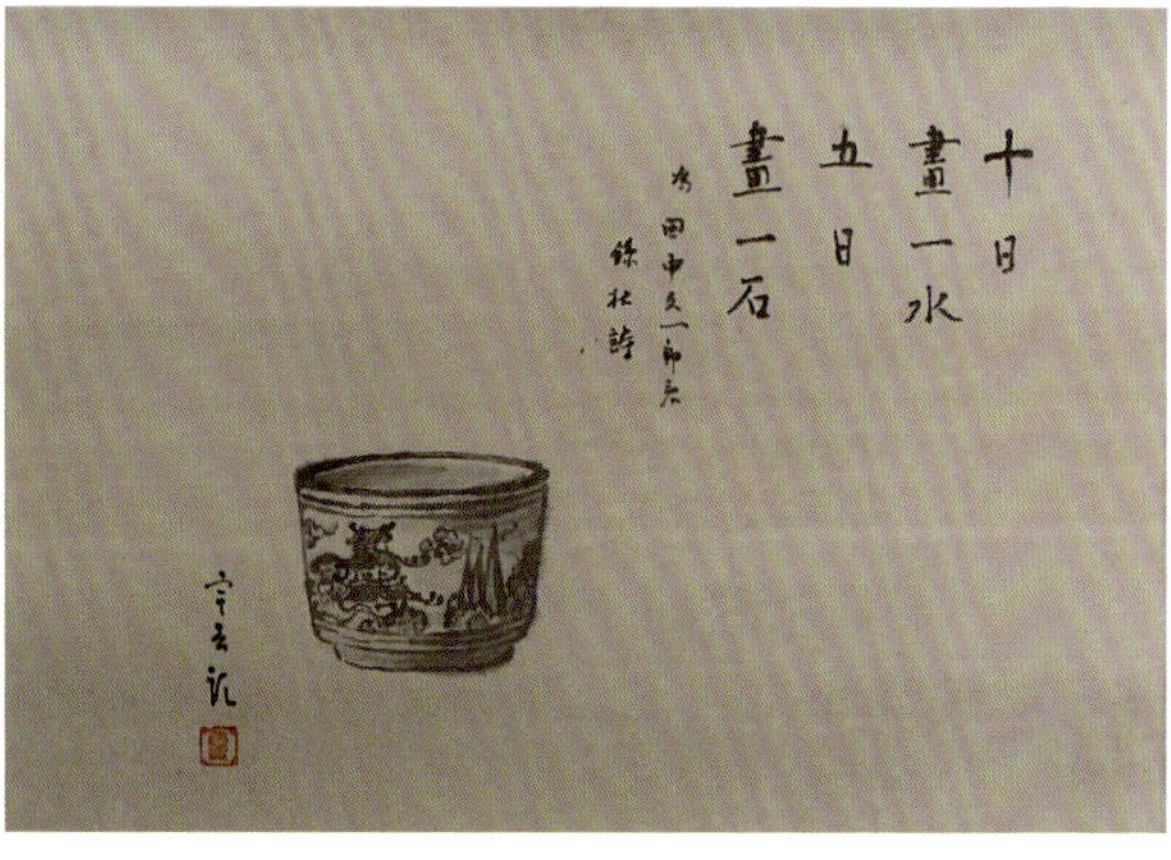

中谷博士が田中久一郎に
贈った墨絵「染付茶碗」

の研究者になり、後に教授になりました。

1947（昭和22）年8月、小松中学で講演するために帰郷した時は、小松の称名寺《しょうみょうじ》を宿にしましたが、そこに門下生とその家族が大勢集まりましたが、夜になって主な門下生だけが残ったところで、門下生の中谷迪《なかたにただし》がお願いして、宇吉郎の「得意の墨絵」が始まりました。

この時のことを、田中久一郎が詳しく記録しています。中谷博士は門下生らのために4枚の墨絵を次々に描きました。雪の科学館では、田中の文章をもとに、そのうち3枚の存在を確認することができました。

4枚中確認できた3枚は物理書、雪華図、染付茶碗という中谷博士が創案した定型のもので、未見の1枚は床の間に置かれていた初代八十吉の香炉を見ながら描いたものだといいます。

ここまで、地元石川にゆかりの人との交流を中心に見てきました。中谷宇吉郎博士の世界は広く深い。博士について語る時、第一には北大時代の雪氷の研究があり、その土台に、幼少期の体験と寺田寅彦の教えがあります。それらに加えて、ふるさとのゆかりの人達との交流も「中谷宇吉郎の世界」をかたちづくる要素の一つだと言ってよいのではないでしょうか。

寺田寅彦先生と宇吉郎

中谷博士の友人
物理学者
藤《ふじ》岡《おか》由《よし》夫《お》

如才ない、社交的な男

私は1922(大正11)年、旧制一高理科甲類を卒業し、宇吉郎と同年に(旧制)東京帝大理学部物理学科へ入学した。私は、父も母も石川県の金沢の出身であるし、高等学校在学中、宇吉郎と同じ日置《へき》流竹林《ちくりん》派《は》の弓をひいていたので、多少互いに知ってもおり、じきに親しくなった。にこやかな如才ない、社交的な男であるとは思ったが、しかし、その当時の彼は、学問のために一生をかけるような男には見えなかった。

宇吉郎は随筆「九谷焼」の中で、幼時、(浅井)一毫《いちもう》のおじいさんの家に預けられ、さらに小学校のとき父の命で中村秋塘《しゅうとう》さんの所へ英語を習いに通ったが、この秋塘さんがまた九谷の大家であったと書いている。そして「今から考えて

藤岡由夫(1903～1976) 物理学者。東京生まれ、藤岡作太郎の長男。東京府立第一中学校、第一高等学校を経て東京帝国大学理学部卒。理化学研究所に勤務し欧州留学。1941年東京文理科大学教授、50年東京教育大学光学研究所長。56年設置の原子力委員会委員として日本の原子力政策にかかわる。後に埼玉大学学長、山梨大学学長を務める。

みると父はずいぶん変な先生を選んでくれたものだと思えるが、あるいは幼いころから、名工と名づくべき人の特殊の感性を受けるようにとの、深遠な理想があったのかもしれない。それだのに自分は今になってもまだ、世間的の栄誉などに心をひかれがちになって苦しんでいる」と書いている。私は一人の友人として、彼の書くことを素直に受けとろう。少なくとも学生のころの彼は、そんなふうにみえた。

彼がその境地をのりこえて学問の世界に突入していくのは、寺田寅彦先生の感化を受けるようになってからである。

師の寅彦は漱石の弟子

ここで一言、寺田寅彦先生について述べなければならない。先生は1902(明治35)年、東大物理学科を出た物理学者であるが、東京に生まれ、郷里高知で育った。高等学校は熊本の旧制第五高等学校であったが、ここで畢生《ひっせい》の師、夏目漱石の知遇を得た。高等学校に在学中、郷里で父母がお嫁さんをもらってあったという、今ではおかしいような結婚をされたが、卒業すると上京して大学に籍をおきながら漱石の家に出入りした。このときは漱石は一高の教師であったが『吾輩は猫である』を書く前で、あまり有名ではなく、寺田先生は唯一

この回想は、藤岡由夫著『中谷宇吉郎　小伝と科学随筆抄』(雷鳥社、1968年)の一部を抜粋して小見出しを付したものです。表記を一部改めています。

の弟子であった。先生は漱石に俳句を習い、さらに正岡子規にも師事して『ホトトギス』に寄稿した。先生が非常に流麗《りゅうれい》な随筆を書かれたことは、この俳句の素養に負うところ多く、また先生自身も多くの俳句や連句を作っておられる。宇吉郎も先生とよく俳句について語った。

理化学研究所の創設と寺田研究室

さて先生は、大学卒業後、物理学のほうを専門にやりたかったそうであるが、大学の都合で地球物理学の研究のほうにむけられ、その方面の担当の教授になった。不幸にして１９１９（大正８）年、胃潰瘍《いかいよう》の大患をわずらい、数年間病床にあった。大正12年ごろようやく快方に向かい、関東大震災は上野の美術展覧会場で絵を見ながら経験したという。そのころ純粋物理の研究の場として先生に提供されたのが、財団法人理化学研究所＊（以下理研）の研究室である。

日本の科学は明治以来、輸入されたものが多く、独自の研究によってできたものはほとんどなかった。大正も半ばごろになって、大学の付属の研究所というのは、伝染病研究所、航空研究所があったくらいであろう。第一次欧州戦争が始まり日本は好況になったが、ドイツとの貿易関係が途絶し、化学製品の輸入ができなくなったことに端を発し、タカジアスターゼの発明者である在米の

＊理化学研究所＝１９１７（大正６）年に創設された物理学、化学、工学、生物学、医科学など基礎研究から応用研究までを行う国内唯一の自然科学系総合研究所。設立者は渋沢栄一。現在、国立研究開発法人として埼玉県和光市にある。

高峰譲吉《たかみねじょうきち》博士の提唱によって、理化学研究のために財団法人理化学研究所ができた。恩賜金《おんしきん》と政府の基金をもとにした財団で１９１７（大正６）年に創立されたが、上富士前《かみふじまえ》の東大精神病院の引っ越したあとに大きな研究所ができることになり、１９２１（大正10）年ごろからその建築が始まった。

そのころ三代目の所長になった子爵《ししゃく》大河内正敏《おおこうちまさとし》博士が、終戦後まで理研の所長を務め、その繁栄を築きあげたのであった。博士は工科の造兵科の出身であるが、寺田先生と親しく、ドイツ留学中はゲッチンゲンに一緒にいられたことがある。博士が理研の所長になるに及んで、ちょうど健康を回復しつつあった寺田先生に来られることをすすめ、先生は喜んでこれに応じた。

理化学研究所は、最初のうちは物理部、化学部などに分かれていたが、１９２３（大正12）年ころには個人の主任研究員の管轄による研究室に分かれた。そして長岡半太郎、高嶺俊夫、西川正治の３人が物理方面の主任研究員であったが、24年、寺田先生による寺田研究室ができた。はじめの３つの研究室については、すでに上富士前の敷地に建物ができていたが、寺田研究室の入るべき室はまだできていなかった。それで本郷の東大の化学教室の新館の一室が、寺田研究室のために借りられたのである。

1カ年の「研究習得」

1924(大正13)年に東大物理学科を卒業した湯本清比古《きよひこ》が理研に入所、寺田研究室に属して、この東大の寺田研究室で水素の燃焼の研究を始めた。宇吉郎はこのとき大学の3年生になっていた。物理学科の3年生は実験専攻と理論専攻とに分かれ、実験専攻のものは誰か指導教授につくことになった。宇吉郎は桃谷君とともに寺田寅彦教授につき、寺田先生は宇吉郎と桃谷君に湯本氏と共同で研究することを命じた。これが彼の生涯の運命を決定づけた1カ年の「研究習得」の日の始まりであった。

(略)実験道具は手製の貧弱なものであったが、3人は一生懸命であった。先生は午後ほとんど毎日現れ、実験を指導し、気炎をあげられた。宇吉郎は夜また曙町の先生のお宅へうかがって、人生観の話やら俳句の話やらを拝聴していたらしい。あるとき先生とばけものについて話をした。次のようないきさつが、宇吉郎の「寅彦夏話」に出ている。

先生が言われるのに「人魂《ひとだま》なんか化け物のなかじゃ一番ふつうのものだよ。あれなんかはいくらでも説明のできるものだ。たしかイギリスの古い物理学雑誌に人魂の論文があるはずだ。だれか探して読んでみたまえ」と。

それで宇吉郎が図書館へ行って探してみたら、果たして見つかった。読んでみたら、その著者が人魂にあったので、ステッキの先をその中に突っ込んで、しばらくして抜いてその金具を握ってみたら、少し温かだったという話だった。

2、3日にして先生がみえたときに、その話をして「要するにそれだけのことで、案外つまらなかった」と言ったら、たいへん叱《しか》られた。「それがつまらないと思うのか。非常に重要な論文じゃないか。そういう咄嗟《とっさ》の間にステッキ一本で立派な実験をしているじゃないか。それに昔から人魂の中へステッキを突っ込んだというような人は、一人もいないじゃないか」

宇吉郎が寺田先生に心から服したのは当然である。そして先生もまた、自分の教えを面白いように吸収してくれる宇吉郎を愛さずにはいられなかった。宇吉郎の才能は先生によって磨きをかけられた。

宇吉郎がいよいよ大学を卒業するとき、そのまま理研で寺田研究室にはいるかという話があったが、一方、家計を憂える宇吉郎は、実業界にはいることも考えた。しかし、桃谷君の令兄桃谷幹次郎氏（元桃谷順天館研究所長）は、寺田先生のような指導者につく好機を逃さぬよう宇吉郎にすすめ、ついに理化学研究所に入ることを決心させた。ここにもあまり人に知られていない恩人がいたわけである。

電気火花の実験と談話会

宇吉郎が大学を出て理化学研究所に入ったのは、1925(大正14)年であった。同級生で理化学研究所へ入った者は、二神《ふたがみ》哲五郎《てつごろう》、小幡彦一、藤岡由夫の三人で、いずれも鼻息が荒く、宇吉郎とこの3人が中心になって若い者を集めて談話会を開いたりしていた。やがて量子力学が発展し、物理学は大革命の嵐に巻き込まれた。しかし、宇吉郎はそのような流行を追うことなく、寺田先生によって与えられた電気火花の研究にいそしんでいた。

宇吉郎も理研に入ってはじめの間は、学生のときと同じく東大の化学教室にいたが、やがて理研の二号館ができて寺田研究室がここにでき、宇吉郎はかなり広い部屋で電気火花の実験をした。あ

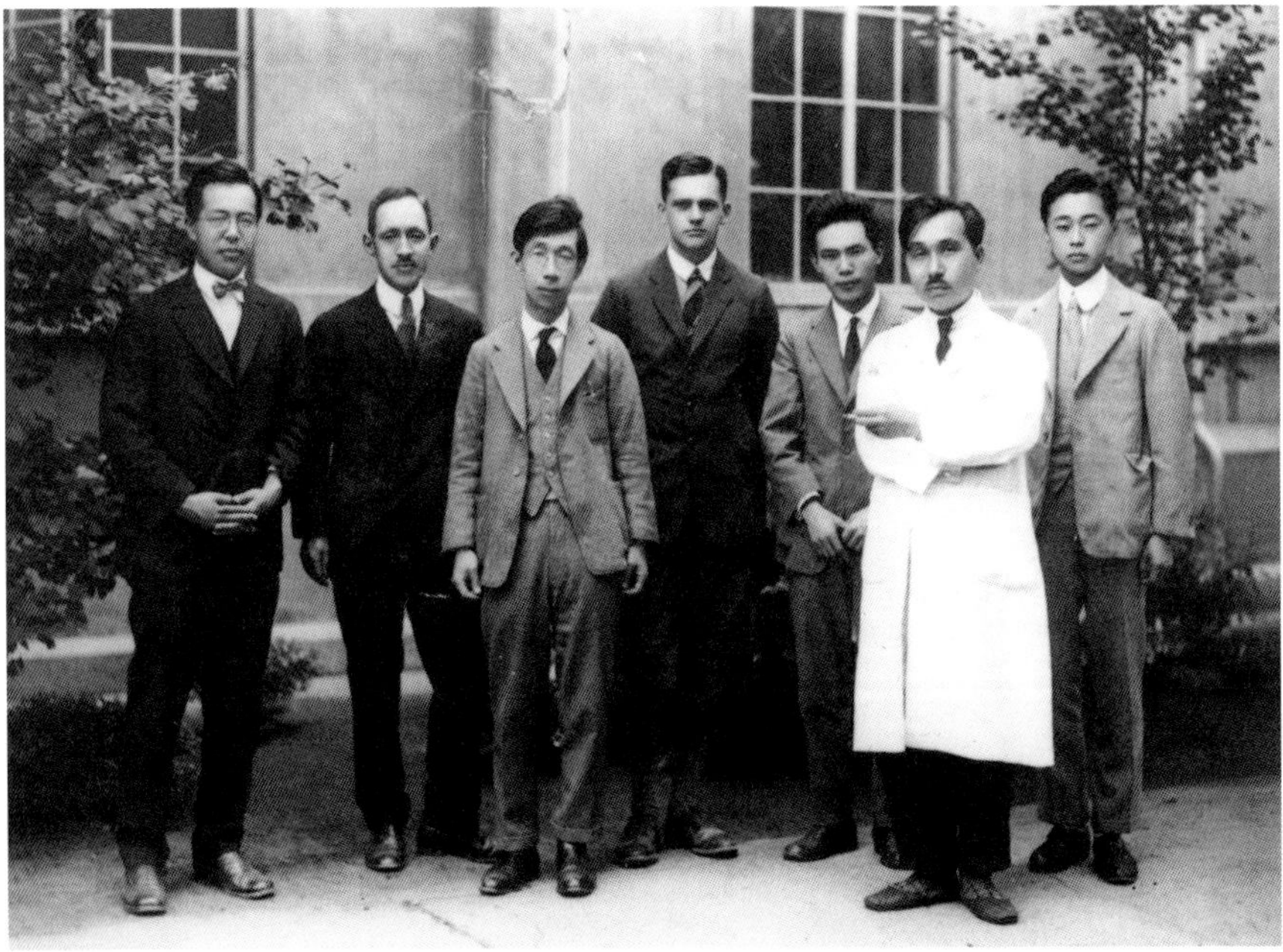

理研のメンバー。右端が藤岡由夫、右から3人目が宇吉郎(写真提供:中谷宇吉郎記念財団)

るときアルコール蒸気の中のワックスがはねて額に火傷《やけど》を負い、「オシャカ、オシャカ」とからかわれていた。先生もほとんど毎日現れたが、ある夏など「火山灰と油で石油を作る実験をする」と言って、宇吉郎と同じ室で実験を楽しんでいられたこともある。こうして師弟はますます親しくなった。

1週間に1度は寺田研究室の者が集まって談話会が開かれた。先生はいつも西洋菓子をもってこられて話がはずむ。宇吉郎が夜、先生の家を訪れる回数もだんだんと増していった。そのころ先生から聞いた話を、宇吉郎は丹念にメモしていた。これは宇吉郎の血となり肉となったもので、選集第一巻の『冬の華』の中に「先生を囲《めぐ》る話」「続先生を囲《めぐ》る話」に収められている。

このころ宇吉郎が取り組んでいた問題は、電気火花であったが、寺田先生がSS航空船の爆発事件*の探求をされるとき、宇吉郎の研究は非常に役に立った。

富永斉と藤岡綾子

宇吉郎は勉強したが、若い仲間でよく遊びもした。理研は新興の気分あふれる自由の気に満ちたノビノビとした研究所であった。テニスが盛んであった。宇吉郎もあまり上手ではなかったがよくテニスをした。額に火傷の跡のできた

＊SS航空船の爆発事件＝1924（大正13）年3月19日、海軍霞ヶ浦航空隊の第3航空船（英国製SS3号軟式飛行船）が茨城県北相馬郡稲戸井村（現取手市）上空にさしかかったとき、突如爆発して炎上墜落し乗組員5人が犠牲になった事故。

宇吉郎のサーブぶりなど、なかなか人気があった。

いっしょに輪講をやったグループは次第に仲よくなった。日曜にいっしょに油絵をかきに行ったり、夜は富永斉《とみながひとし》氏の所に集まったりした。富永氏は一高の化学の教授であったが、理研へもこられ、物理の若い者と仲がよかった。非常に温かな人をひきつける親切な性質で、夫人も同様であり、本郷弥生町のお宅には、よく若い人たちが集まった。富永氏は宇吉郎の結婚問題を心配され、私の妹すなわち藤岡作太郎の二女綾子を紹介された。なお、私は一高で富永先生に習い、そのころ富永先生とは一番親しい間柄であったのである。この縁談は成立して、宇吉郎と綾子は1927（昭和2）年の11月、東京で結婚式をあげ、曙町に新居をかまえた。

北海道帝国大学では、昭和にはいってから理学部が設置されることになり、宇吉郎はその実験物理の教授に予定された。そのために外国に留学することになり、昭和3年2月、理化学研究所を辞し、新婚の家をたたんで、文部省留学生として欧州留学の途についた。

妻綾子は、宇吉郎を送ったのち兄藤岡のもとにいたが、5月、悪性のジフテリアにかかり、敗血症を起こし、2日間の臥床ののち死去した。ちょうど宇吉郎ロンドン安着のたよりの着いた朝であった。

3

1928−1945年

北海道帝大で人工雪を作る

1932年、北海道帝国大学教授として理学部に勤務する中谷博士（写真提供:中谷宇吉郎記念財団）

北大理学部へ赴任、札幌に一家

1930（昭和5）年4月、宇吉郎は北海道大学（以下北大）理学部に助教授として赴《ふ》任《にん》しました。10月には母と妹を札幌に迎え一家を構えます。

翌31年2月に「各種元素よりの長波長異X線の射出について」で理学博士の学位を授与されました。同年5月には、金沢の寺垣丹蔵の長女静子と結婚しました。二人の結婚の橋渡しをしたのは、博士が小学生のころ下宿していた松見家の娘で旧制金沢第二高等女学校の先生をしていた松見君《きみ》でした。翌32年3月に長女咲子が誕生し、中谷博士は父親になり、その月に教授に昇進しています。

うれしい出来事はさらに続き、9月末に恩師の寺田寅彦博士が北大を訪れました。東大を卒業した長男の東一が、北大の物理教室に助手として赴任していたことが大きな理由で、3日間にわたる臨時講義も引き受けてくれたのです。

雪の結晶研究に着手

教授に昇任した中谷博士は、32年、雪の研究に取りかかりました。雪は北国に暮らす人々に深く関わり、北海道は研究に適した土地です。博士は、アメリカのベントレーによる雪の結晶の写真集を見てその美しさに感動したとも記しています。

博士の研究方法は、まず自然現象としての雪をよく観察し、次にそれを実験室で再現してみることでした。この方法は寺田博士の弟子である博士には常道ともいうべきものです。

34年7月、博士は中国（当時は満州）の旅順にあった低温室を茅誠司とともに視察しています。一方、翌年1月から厳寒の十勝岳《とかちだけ》の中腹にある山小屋、白銀荘で3000枚の雪の結晶写真を撮り、結晶の分類を行いながら、どんな気象状態の場合にどんな結晶が降るかを調べたのです。

人工雪の生成に成功

36年2月、北大に待望の低温実験室が完成しました。一辺が4メートルの立方体の主室は零下50度まで温度を下げられ、その半分の予備室も備えていました。

博士たちは、この実験室で、ガラス管の底に置いた水を温めて水蒸気を上昇させ、上端に吊るしたウサギの毛の先に結晶を成長させることに成功しました。次に、実験室内の温度と、水の温度（水蒸気の量）を変えて実験すると、形の違う結晶ができることを確かめました。そして、こうした実験を繰り返し、結晶の形と気温や水蒸気量の間の関係を明らかにする「ナカヤ・ダイヤグラム」と呼ばれる図を完成し、降ってきた結晶の形から上空の気象状態が推測できるようになりました。

その年の秋には北大に天皇陛下を迎え、人工雪生成をお目に掛けるという難しい実験も成し遂げ、博士の名は一躍有名になりました。

博士の雪の研究に対して、38年に服部報公賞、41年には帝国学士院賞が贈られました。また、戦後の1954（昭和29）年にはアメリカのハーバード大学から『SNOW CRYSTALS』として出版されたのです。

肝臓ジストマの「恐るべき患者」

人工雪に成功し、注目をあびて多忙な日々を過ごした36年の秋、中谷博士は体の衰弱が激しく、伊東温泉で静養することにしました。原因不明の病状が続いていましたが、慶応大学病院の小泉丹医師の診断で肝臓ジストマと分かり、助手の武見太郎医師が治療に当たりました。

武見医師が中谷博士を診察すると、博士は

自身の病歴を物理学者らしく的確に語り、これまでの2人の医師の診断には満足していないと述べました。武見医師は「恐るべき患者であることを私は直観した」と述懐しています。

最初の随筆集『冬の華』

伊東での静養の期間、中谷博士は随筆を本格的に書き始め、油絵も描きました。随筆のテーマは研究の中で蓄積された雪で、「雪の話」（35年2月）、「雪の十勝」（同年11月）を発表しました。絵は後に墨絵が中心になります。それに湯川秀樹、小宮豊隆らの友人が讃を添えることを楽しみ、多くの合作が残っています。病の中にありながらも博士は家族と過ごし、心身ともに回復していきます。

1938（昭和13）年、最初の随筆集『冬の華』を岩波書店から出版し、随筆作家としてデビューしました。『冬の華』シリーズの随筆集はその後、全部で12冊出版されました。

東宝文化映画「Snow Crystals」

伊東での療養期間中も、飛行機で札幌を往復していた中谷博士ですが、病気の回復した39年6月に、札幌市に自ら設計したペチカのある防寒住宅を建て移住しています。

この年に、東宝の文化映画「雪の結晶」の制作が行われました。雪の結晶が生長する様子を顕微鏡撮影するなど学術的な映画でした。

ちょうどアメリカで開催される国際雪氷学会に招待されていた中谷博士は、出席できないかわりに、この映画の英語版「Snow Crystals」を学会へ送りました。9月に開催された学会で上映され大きな反響を呼び、中谷博士の国際的な名声が高まりました。

凍上の問題を解決する

1939（昭和14）年の暮れ、中谷博士は

「凍上《とうじょう》」の研究を始めました。札幌鉄道局から冬期に土壌が凍結して地表の線路が持ち上げられる被害が続出しているので対策を研究してほしいと依頼されたのです。

中谷博士らは帯広や野付牛村《のつけうし》（現北見市）など零下20度の寒さの中で、凍結した地面を掘り氷の顕微鏡写真を撮る作業を繰り返しました。そして、低温研究室でも「人工凍上」の実験を行い、凍上は霜柱の生成と仕組みが同じであることを突き止めました。そして、地下1メートルほどの深さに土壌が凍結しないよう工夫することで、凍上問題が解決できることを明らかにしたのです。

40年には、中国東北部を走る満州鉄道の保線責任者を務めていた親友の高野與作《よさく》からの依頼で、鉄道の凍上被害を調査し、対策を示しました。この年は凍土地帯視察のために樺太《からふと》（現サハリン）も訪れています。博士は極寒の地での調査をいとわない研究者でした。

中谷博士が設計した防寒住宅。左にペチカがある(写真提供:中谷宇吉郎記念財団)

戦時下の研究

41年12月8日、日本はハワイの真珠湾を攻撃し、日米が開戦しました。すでに1938年に、戦争遂行のため国家のすべての人的・物的資源を政府が統制運用できるとする「国家総動員法」が施行され、中谷博士ら研究者もその対象になっていました。

こうした戦時下では「戦時研究」が求められ、博士らは「雪中飛行の研究」として飛行機の着氷を研究したり、「海霧の総合研究」として軍のために局地的に霧を消す研究などに取り組みました。

中谷博士は、かつて肝臓ジストマを治癒《ちゆ》してくれた武見太郎医師を通じて、大臣を歴任し第一次世界大戦後のパリ講和会議では次席全権大使を務めた牧野伸顕《のぶあき》との親交や、奨学金への礼を述べて以来、親しくした鳥井信治郎と親しんでいたことから、戦局や国内の政治を冷静に見つめることが出来ました。

一方で、凍上の研究が数多くの鉄道保線員を極寒の復旧作業から解放したように、「役に立つ研究」を重視し、着氷研究が戦闘機だけでなく航空機全般の安全飛行に役立ち、霧の研究が港湾の安全に役立つと考えていました。

40年には、前橋で雷の観測にも参加し、寺田寅彦が提唱した「防災科学」にもつながる研究をしています。こうしたさまざまな研究は、ばらばらに見えますが、中谷博士にとっては自然現象を解明する実証的な学問の対象である点で同じであったのです。

ニセコ山頂の着氷観測所

着氷の研究は中谷博士の戦時研究としては最も大がかりに行われました。中谷博士は航空機への雪や霜の凍結は、樹氷の生長と同じであると考えて、観測の場所に北海道のニセ

着氷研究のためにニセコアンヌプリの山頂に引き上げられた零戦をバックに研究スタッフが記念撮影。前列左から4人目が中谷博士（写真提供：中谷宇吉郎記念財団）

コアンヌプリの山稜上を選びました。

しかし、着氷が起こるような低温で日本海から吹き上がる強風をまともに受ける場所では、気温を測定することさえ困難でした。しかも、観測のためには寒冷地の雪の中で長期間滞在する必要がありました。博士は42年1月に再び樺太に行き、今度は北部の厳しい環境に天幕《パラトカ》で暮らすヤクート族の一家を訪問し、厳冬をしのぐ防寒方法を学んだりしました。

1943（昭和18）年5月には山頂に10坪ほどの着氷観測所ができました。零戦の機体が運び上げられ、百馬力の電動機2機により風洞実験もできるようにしました。博士は研究員たちの健康を気遣いながら観測と実験を進めましたが、45（昭和20）年8月に終戦となり、この観測所は解体されました。

中谷博士は戦後の新しい時代をニセコ山麓の狩太《かりぶと》村（現ニセコ町）で迎えました。

回想 5

雪に挑んだ北大時代の中谷君

中谷博士の友人
物理学者、17代東大総長
茅《かや》 誠《せい》司《じ》

寝台車から引きずりだす

思うに中谷君と私の交わりは永くかつ深かった。私がはじめて彼を知ったのは、たしか１９２７（昭和２）年の桜の咲いている頃、当時の日本数学物理学会の年会が東大で行われている時で、中谷君は理化学研究所寺田研究室で行った実験、ロング・スパークの研究について報告を行ったが、額に傷をしていたらしく白鉢巻をして実に勇ましかった。

この研究は飛行船の気球が、その表面にとぶ雷の火花で爆破されることについての研究の基礎をなすものとして行われたものらしい。当時中谷君は、理化学研究所の若手グループの一人として、新しい物理学の黎明期《れいめいき》の科学文献抄を編集していて、その気焔《きえん》当たるべからざるものがあった。

茅誠司（１８９８～１９８８年） 神奈川県生まれ。東北帝国大学理学部卒。同大助教授から１９３１年北海道帝国大学教授となり、中谷宇吉郎と同僚になる。理学博士。43年東京帝国大学教授、57年 東京大学総長に就く。61年日本学士院会員。63年小さな親切運動の本部設立に伴い初代代表となり23年間在任。64年文化勲章受章、75年勲一等旭日大綬章受章。

この優秀な学者の卵はすぐに眼をつけられて、1930（昭和5）年から開学される予定の北海道大学理学部物理学教室の教授候補者にされてしまった。この理学部の教授候補者の第1回の会合が27年に青森県浅虫《あさむし》で行われ、彼もこれに出席したが、その帰りに松島を見物することになった。

寝台に乗って浅虫を出発し、翌朝早く松島駅で下りることになったのに、一同が松島駅のプラットホームに出ても彼は姿をみせない。びっくりして寝台に行ってみたら、まだグーグーと寝ていたので、荷物と共に引きずるように汽車から下ろし、プラットホームで洋服に着替えさせた、というのが私共の彼について知った第一の逸話である。

画板を抱えてベルリンへ

私がベルリンにいる時（昭和4年）、彼は英国での研究（ケンブリッジでリチャードソン教授の指導下に軟X線の研究をした）を終えてベルリンにやってきた。その前、藤岡由夫君のいたオランダのグローマンゲンに立ち寄って画を描いたらしく、画板を抱えて汽車を下り立った姿はちょっと物理学者とは思えぬくらいだった。

ベルリンでは英語（彼はケンブリッジでキングズ・イングリッシュ（標準イギリ

この回想は、『文藝春秋』（1962年6月号）に掲載された茅誠司「春に消えた"冬の華"」の部分を抜粋したものです。小見出しや表記を一部改めています。

ス英語）をマスターしたと日頃豪語していた）は役に立たない。彼はあまりドイツ語も知らなかったくせに不思議とちっとも不自由しなかったし、かつまた誰とでも親しく話しかけていった。これが彼の特徴だった。

家族ぐるみの交際

１９３０（昭和５）年４月から北大理学部は開学したので、彼はそれに間に合うように帰っていった。私はもっと滞在したかったが、開学直後の忙しさを手伝うように命令されて、８月に日本に戻った。

最初札幌に行った時は私は彼の家に寄寓《きぐう》した。彼は母堂と令妹《れいまい》の芳子さんと住んでいた。これがきっかけで彼の家と私の家との交際が始まった。私の家内と長女の晶子が札幌に来る前に、家を借り家具をそろえたが、それには中谷家の母堂に一方《ひとかた》ならぬ厄介《やっかい》になった。（中谷君が亡くなったとき）彼の棺《かん》が安置された（原宿の）部屋の一隅に洋服簞笥《だんす》があったが、それは私の家のものとおそろいで、この母堂につれられて当時催された刑務所の作品展示会で購入したものだった。

私は昭和5年から戦争中の43年の秋まで札幌に住んでいた。その間の彼との交友ぐらい私にとっても、また彼にとっても想い出の深いものはない。

大学では、彼は私と写真の暗室一つ隔てて隣合って住んでいた。そして彼は雪の研究を、私は磁気の研究に精進した。その結果、2人ともそろって(私の方が2年ぐらい遅れてはいたが)服部報公賞*と学士院賞をもらった。2人は協力して物理教室の建設に力を尽くした。特に開学の初期の教育には努力したので、その当時の卒業生には現在学会で重きをなしているものが少なくない。

寺田先生の学風を発揮した雪の研究

彼が雪の研究を始めたのは、天然雪の写真を凧の吹きさらす寒い廊下で、当時の助手だった高野玉吉君と共に撮影することからだった。雪には様々の形のものがある。そのような雪の形は、空の気象条件によって定まる訳だが、この雪こそは天からその気象条件を知らせる手紙であるはずだというのが中谷君の考えであった。そして天然に降る雪の様々の形を写真にとってそれをその時の気象条件と照合する一方、低温室を作って、そこでさまざまな条件の下でどんな人工雪ができるかを実験していった。

このような実験に当たっては、彼は恩師寺田先生の学風を余すところなく発揮した。また学生を自由に使って、雪についての様々な研究を行っていった。ある学生は、その卒業実験に、小さい雪の一片を半分に切って、その切断面の

*服部報公賞＝服部時計店の創業者、服部金太郎氏が創設した、工学に関する優秀な研究成果を挙げた研究者を奨励助成する制度に伴う賞。

写真をとるというテーマをもらった。そして1年間雪片を半分に切ることばかりやった。しかし一見奇妙にみえるこのテーマも、雪の切断面を知らなければ、雪の結晶の構造を詳細に知ることはできないことを理解すれば、その重要さが分かる訳だ。

しかし屋外における天然雪の研究も、低温室における人工雪の研究も、身体には非常にこたえた。特に室温20度のところから零下30度の低温室にしばしば入ってゆくことは、並大抵のことではない。そして彼の健康はみるみるうちに悪化していった。この病気も、前に述べたようにその原因が寒鮒《かんぶな》を食べたことにあったことが武見太郎氏によって発見されて、幸にして根治された。

その後は、彼は大変なエネルギーでこの低温の研究を遂行していった。彼は遂にその弟子たちと共に、天然に降る雪のあらゆる形のものを人工的に作ることに成功し、その形の雪が生成される条件(主として温度と湿度)を確定してしまった。いわゆる中谷ダイアグラムと称するものがこれである。

スキーは「紺屋の白袴」

このように雪に関する基礎的研究を基盤として、彼の研究室では、霜柱、凍上《とうじょう》、着氷、飛行機の翼の凍結、等に研究を進めていった。またスキーで滑る際、雪片が粉体としてどのように運動するかを、雪中に炭の粉を縦に入れておき、その上をスキーで滑って、炭の粉の散逸《さんいつ》した様子を調べることをやった。

これは十勝岳の俗称べい流コースで行ったものだが、そんな時は私は病身の彼を助けるという口実を作っては参加し、スキーの方を楽しんだ。彼は平生は誰にも優しい態度で接するのだったが、こんな実験をしている時は峻厳《しゅんげん》そのものだった。

彼は雪の世界的権威となったにもかかわらず、スキーは極めて下手だった。そこで自らを「紺屋《こうや》の白袴《しろばかま》」と称していた。それでも初期には私と共にニセコアンヌプリ、チセヌプリ、石楠山を踏破したり、また十勝岳の頂上にアイゼンをつけて登ったこともあるが、後ではあんまりやらなかったようである。

人を食った心臓の持ち主

戦争中、彼はニセコアンヌプリの頂上に小屋を建てて着氷の研究を行った。頂上は1300メートルぐらいで冬期は風の猛烈なところだった。この所まで道を作り、電気を引き、モーターを運ぶことは容易なことではなかったが、彼は強い心臓をもって事に当たりこれを完成した。

その開所式には当時の北大総長も出席され、食糧の少ない時にもかかわらず赤飯の折が配られ、紅白の大きい餅が引出物としてでた。こんな場合に彼はその天才ぶりを発揮して、しばしば人々をあっと言わせたものである。

こんな話がある。たしか1942(昭和17)年の3月かと思うが、軍に召集された助手の送別と、人工雪の知識が身についてから今一度天然雪を見直す目的とで、私も誘われて十勝岳に行ったことがある。その途中の汽車で、当時としては想像もつかない立派な弁当が配られた。大きな柾目《まさめ》の箱で、赤い絹紐に房のついたもので結んであったし、中身もそれにふさわしい贅沢《ぜいたく》なものだった。

「よく今時こんなものが手に入ったね」といったところ、彼の答えはこうだった。「〇〇百貨店の食堂の監督をしている婦人のところへ、Aさんですか、私は北大の中谷ですが、是非お弁当を作って下さいませんか、と電話をかければ万事OKだ」。こんなところは誠に人を食った心臓の持ち主だった。これがある場合には、必ずしも彼に好意を抱かない人々を作る要因であったともいえる。

長男を結核で亡くす

戦後、彼は狩太《かりぶと》に農場を持って、農業物理学の研究に熱を入れた。北海道では1日でも早く畠の雪を消すことが、馬鈴薯《ばれいしょ》その他の増産に非常に役立つこと

家族でニセコの冬スキーを楽しむ。左から中谷博士、静子夫人、次女芙二子、長男敬宇、長女咲子(写真提供:中谷宇吉郎記念財団)

から、春になって草々、雪を消す方法を研究した。これは今日でも北海道で実行されている方法で、目に見えないながらも食糧増産に対する彼の功績は大きい。

しかし、彼はこの頃取り返すことのできない痛手をうけた。それはこの狩太の疎開先で、目に入れても痛くないほど可愛がっていた男の一粒種の敬宇ちゃんを亡くしたことだ。

病名は乾酪性《かんらくせい》結核で、ストレプトマイシンの無かった当時としては施す術はなかった。

先生の心からの思いやり

中谷博士の教え子
金沢大学名誉教授
田《た》中《なか》久《きゅう》一郎《いちろう》

旧制小松中学卒の先輩が北大に

私は1943（昭和18）年に石川県立小松中学校（現小松高校）を卒業して専門学校に入学し、終戦の翌年の1946年に北海道大学（以下北大）物理に入学した。小松中学からは、北大を35年（昭和10）卒の関戸弥太郎先生をはじめ、40年卒の孫野長治さん以下、中谷迪《なかたにただし》、和泉荘一郎、藤岡敏夫の諸先輩が中谷教室から卒業しておられた。孫野、藤岡のお二人は理学部や低温科学研究所の教授になられた。

私は、中学時代に母校にこられた先生の講演を聞いたことや、先生の著書の影響で北大物理に進学したいと思った。そこで、専門学校からでも入試を受けられるかなどを尋ねるため、往復はがきを先生に出した。45年の戦時中のこと

田中久一郎（1915〜2012） 小松市生まれ。北海道大学理学部卒。科学研究所（現理化学研究所）仁科研究室助手などを経て1956（昭和31）年金沢大学工学部機械工学科助手、その後精密工学科教授、同大名誉教授。理学博士、専門は摩擦学（トライボロジー）。住鉱潤滑剤㈱技術顧問。2005（平成17）年、瑞宝中綬章受章。

北大理学部の中谷教授室。左が中谷教授の机。その後ろに雪結晶の写真乾板3000枚を入れた戸棚がある(写真提供:中谷宇吉郎記念財団)

である。

往復はがきにしたのは、専門学校の教授から、必ず返事がもらえるであろうと知恵をつけられたからであるが、随分失礼なことをしたものである。しかし、先生からは親切なご返事を頂いた。入試のとき、小松から4日目に札幌に着き、教授室にうかがった時、「よく来たね」と言われたのが先生から聞いた最初のことばであるが、中学の後輩が戦後の混乱期にはるばるとやって来たの

この回想は、『中谷宇吉郎 雪の科学館 通信』第1号(1994年)に収録された田中久一郎「親切だった中谷先生」です。小見出しや表記を一部改めています。

をほめてもらったようで嬉《うれ》しかった。

先生宅でゼミナールを開く

大学3年になって、希望する教授に所属して研究することになった。中谷教室には4人が入ったが、低温科学研究所には物理系の3部門があって中谷教室の分家のような関係にあったので、私は吉田教授の部門につき、黒岩さんの下で積雪の電媒常数を測定したりした。この部門には中学の先輩の藤岡敏夫さんが助手でおられたので、この部門についたのだと思う。

中谷教室の4人としては、先生と直接話したいのであるが、お忙しいのでなかなかその機会がない。そこで、4人そろって教授室に行き、ゼミナールをやってほしいと申し入れたところ、都合のよい夜に先生宅に集まって寺田寅彦先生の英文論文集を勉強するという大成果になった。幸い、論文集は理学部と大学付属の両図書館にあったので借り出し、各自の担当論文を筆記して発表に備えた。

このゼミは1948(昭和23)年の夏休み前後に数回やったと思う。第1回のときは、先生が「この論文集は、岩波のおやじが寅彦全集などでもうけさせてもらったので、500円かの安い値段にしたのだよ」など解説されたり、私が

「液面上のフローティング・バーの振動」の論文を担当したときは、「寺田先生の頭のよさを示している論文だ」と言われたりの先生独特の解説が長く、また奥様がスイカをお出しになると雑談会になってしまい、ゼミとしてはあまり進まなかったが楽しいものであり、学生に親切だった先生が思い出される。先生のお宅のほか孫野さんの所などにも、たびたびおうかがいしてご迷惑をおかけしたが、皆様にはよくして頂いた。

「金沢へ行ったら駄目になる」と言われ

1948（昭和23）年に小松に帰省すると、地方新聞には、49年から発足して新制大学となる金沢大学についての記事が多かった。そこで先生に、卒業したら金沢に行きたいと申し出た。

ところが、先生は「金沢へ行ったら君は駄目になるよ」とおっしゃり「理研の仁科研究室の佐々木君が一人ほしいと言っているんだ」とのお話であった。研究にも未熟な私を、安心できる理研に入れた方が良いとの親心だったと思う。

理化学研究所は、戦後は理研コンツェルンが解体されて科学研究所と改名され、研究費は研究所員が作らねばならなくなっていたが、北大物理卒の佐々木さんらの科研のグループによる、浜名湖での集魚灯の研究は、科学（岩波刊雑誌）の寄書論文としてたびたび発表されていたのを知っていたので、金沢に行って親孝行する決意はどこかに飛んでしまった。佐々木研は井上先生発案の潜水探測機（くろしお号）の重要な仕事を分担したが、中谷先生はこの仕事の総大将ともいうべき立場であったので、進水式や伊東温泉沖での第1回潜水、また私が1949年には熱海の漁夫宿舎に住んで集魚灯の実験をやっていたころにもお会いできた。

先生の「寝込みを襲う」

私は祐天寺に下宿して渋谷駅から山手線で科研に通っていたので、その頃に原宿駅近くに自宅を移されていた先生を訪ねるのに好都合だった。先生の朝食前におうかがいする方法で、たびたびお会いして頂いた。寝込みを襲うという卑怯《ひきょう》な方法であったが、先生は、このくらいならば金沢へやればよかったと思われたかもしれない。

しかし、お会いしたため、「君は海中視程を研究しているのだからWoodのPHYSICAL OPTICSを読み給え」と言われ、800ページのこの本を読むのに日曜も科研に通うというひどいめにあった。

弟子に親切だった中谷先生

1952（昭和27）年4月に父が急死したので小松に帰り、56年にようやく金沢大学機械工学科の助手として研究生活に戻ることができたが、研究費がなくて往生した。

58年の秋に上京してお宅にうかがったとき、とつぜん住友ベークライトに行こうとおっしゃり、新橋まで電車で行き、本社の中尾技術部長らに紹介され、それから20年以上も援助して頂くことになった。その時、「この男は面白いことをやっているのだ…」などとほめて下さった。私の学位の仕事も、北大物理の先生方に、私の仕事をほめて話されていたそうである。

これらは私のための絶大な援護で、他のお弟子さんにも用いられた方法であったと思う。「関戸君は秘蔵っ子だったんだが仁科先生に頼まれたので理研に出したんだ」と言われたことがある。私など、自分の弟子のことはなかなかほめられないのであるが、先生の親切は心からの思いやりに依ることを痛感している。

回想 7

北大中谷研究室の指導法

中谷博士の教え子
北海道大学教授
孫野《まごの》長治《ちょうじ》

入学の動機は郷里の先輩だったから

1927（昭和12）年、私が北海道大学（以下北大）に入学した頃は、中谷先生は特別有名人ということではなかった。ただ旧制小松中学（現小松高校）と四高を通じての先輩が物理の教授をしておられるというのが、入学の主な動機であった。以後図らずも四半世紀にわたって公私とも大変お世話になった。

感受性の鋭い人ならば一言半句からも先生の真髄《しんずい》を汲《く》みとったにちがいないが、贅沢《ぜいたく》極まる位置にありながら、あまり身近に長くいた故か、先生の光輝に目がくらみ、ありがたさも大して意識することなく無為に過ごしてしまった。しかし恩師を失い、また当時の先生の立場にたたされて、初めておぼろげながら、先生から受け継いだ遺産の価値がわかるような気がする。

孫野長治　1916（大正5）年、小松市向本折町生まれ。旧制小松中学校、第四高等学校、北海道帝国大学理学部卒。41年歩兵第七連隊入営。48年北海道大学理学部助教授。51年横浜国立大学教授、55年北海道大学教授（地球物理学教室）。中谷博士の雪の研究の気象学的な面の継承者。77年同大環境科学研究科教授。67年日本気象学会藤原賞、77年日本氷雪学会功績賞。

オリジナリティーが研究の生命

旧制の高等学校では、物理学とは寸分のすきもない、がちがちしたもので、物理学をやるにはがっちりと勉強する以外にないと考えていた。ところが先生に接してからは、さほど窮屈なことはない。要するに興味のおもむくままにやっていってよろしい、その代わり、研究にはオリジナリティーが生命であり、真の意味のオリジナリティーが如何《いか》に少なくて貴重なものであるかがわかるようになった。

こんなことがあった。理学部の紀要に大学で出版するのであるから写真もたっぷりと掲載するつもりで論文原稿をみて頂いたところ、オリジナルな点を厳重に追及して削ってゆかれるので、残す分が殆《ほとん》どなくなって閉口したことがある。

よく「毎月読みきれないほど論文が雑誌に出てくるが、あの中でほんものが1%もあるまい」と嘆かれたが、自分が当面してみると、この意味がよくわかった。また「独逸《ドイツ》人の本は理路整然としているが、英国人のかいた本は味噌も糞《くそ》も一緒にのせてある」と評され、「あまり整然としていると、もうすっかりわかったような気がしてやる気がなくなるが、ほんとうは、そんなにわかったも

この回想は、『北大季刊』第23号（1963年12月）に収録された孫野長治「中谷先生の一遺産」です。見出しや表記を一部改めています。

のではない」とか「全部を解決したような論文はちょっと眼に見事にみえてもたいしたことはない。それから何の発展も期待されないような研究よりは、多少あらはあっても、ほじくればほじくるほど新しい問題が出てくる研究の方がいいんだ」というようなお話が今にして思いあたることが多い。

アマゾン型の研究方法

先生御自身で研究方法を警視庁型*の組織的な流儀と、アマゾン型*の手探り的な方法に分類されておられたが、明かに先生の流儀は後者に属していた。アマゾンのジャングルで宝石を見付けることは、吾々凡人には難しいことかも知れないし、また宝石と考えたものに味噌も糞も混じってくるのが当然であろう。とにかく、私達はジャングルを宝庫と感じるように教育された。そうしてジャングルの中においてけぼりを喰ったわけである。

応召中、私は陸軍の兵器庫の番人みたいな頗《すこぶ》る呑気《のんき》だけれども味気ない業務についたことがある。しかし、ひまひまの兵器の修理にたずさわっていると、その機構が自然にわかってくるので中々面白いと報告したら、「人間興味をもって仕事をするのが何よりだ」と返事を頂いた。興味についても思いあたることがある。アマゾンのジャングルで宝石を探すのは、在ることを確信してお

＊警視庁型とアマゾン型＝中谷博士が自然科学の研究方法を二大別した表現。目星のついた犯人を追い詰めていくのが警視庁型。何がいるかも分からない未踏の大地に踏み込んで行くのがアマゾン型。

ればこそ出来るのである。「無いと信じている人には見付けられる筈《はず》がない」、「解の存在の証明ができれば問題は大部分とけたも同然」という言葉もよく自分にいいきかせるようにしている。

中谷先生の「頭の経済」

物理実験の精度ということに異常なほどの注意を喚起されたことは、先生の講義を聴いた人は誰しも感じたであろう。そうして実験目的に応じた精度の計器を選び、また測定精度に応じた議論や結論を下す心得を皆が学んだはずである。これは物理実験の基礎であるから、どの教科書にも一応はのっていることであるが、私は先生の講義で初めてほんとうの意味を会得《えとく》し、これがわかってからは、どんな貧弱な実験設備にも引け目を感じなくなり、またどんな大設備を使った研究論文にも一向に驚かなくなった。

実験やフィールドで一見つまらないと思われる記事も、きちっとノートしておくことも強調された。なるほど後でまとめる時にノートの片端にかかれた半行の記事に大助かりすることが多い。わかりきったことをノートに留《とど》めることは、まことに億劫《おっくう》なものであるが、くどいくらいに書いておいて丁度よいようである。考えて見れば、紙の上で並べて整理したり、書きのこせることを、頭の中で並べて考えたり記憶に残しておく必要は毫《ごう》もないわけである。

先生ほど多岐にわたって活躍された人は、頭の切りかえも速かったに相違ない。先生は勿論、英語は達者であるが、英国から独逸《ドイツ》に行けば独語、仏蘭西《フランス》に行けば仏語を結構うまく使われたそうで、一日その秘訣《ひけつ》をお伺いしたら、「その代わり国境を渡ると前の国の言葉はすっかり忘れたんだ」そうである。

頭の経済のもっと具体的な例がある。先生の机の上や教授室の資料の整理も実に几帳面《きちょうめん》で、私達学生には奇異に感ぜられるくらいであった。妙なもので、同じ中谷教室出身でも研究室をノートや器具でごったがえしておく型と先生に劣らず綺麗《きれい》にしておく型がある。私などは前者の最たるものであるが、何がどこにあるかはちゃんと承知していたつもりである。しかし資料や文献が増えるにしたがって、とても覚えきれるものではない。

最近は探しだすのに大半の労力を費やすか、他人に頼むかで、でなければ断念することが多くなった。先生が「探し出す時間を考えれば、始末するのに時間をかけるのがはるかに経済的である」と口癖のように話されたのを他人ごとのようにきいていたのがどうもいけなかったようである。

着手することが研究の半ば

われわれは中谷教室の人間は手が速いという。この文句は誤解の恐れがあるから註釈を要する。

戦争中、「日本の陸軍は上海から漢口まで歩いていった。どうしてこんなことが出来たかというと、まず第一歩を踏み出したからだ」「分厚い原書を前に頭をかかえていては否けない。とりあえず一頁を読んでみることだ」と似たような例を何回となく話されたが、要するに億劫《おっくう》がって議論ばかりしていないで(この方が気楽であるが)まず着手することが研究の半ばに相当すると感じとった。

農業物理の研究を始める前に文献を調べる必要があるんではないですかと申したら、「文献ばかり読んでいると恐れをなしてやる気がなくなってしまう。やりながら必要に応じて読んでゆけばよい」と話されたことがある。よく中谷教室は、文献の読みかたが足りないとの批判も耳にしたが、引用文献をどっさりつけた最近の論文が、往時の中谷教室のそれに比して優れているとはどうしても考えられない。要するに、オリジナリティの問題であろう。

にやりとされてそれ切り

気が利かないため、または若気の至りで、先生には随分と御迷惑をかけたが、生涯ついぞ怒られたことはなかった。卒業直前に北海道各地の鉄道路盤の凍上現場の調査にお伴したときのことである。ライカの接写装置を組み立てて差し出したら「レンズ系は、これで間違いない？」と念をおされたので、いいですと答えた。そのまま信用されて霜柱層を撮影されたフィルムを札幌へ帰って、その晩現像してみると接写の部分は全部ピンぼけであった。驚いて翌朝お詫《わ》びに上ったら、にやりとされてそれ切りであった。あの時は、もう物理学をやめようとさえ考えていたのである。

教育法には欠点を指摘して注意する行き方と、長所を引き出してほめてやる流儀とあるが、先生は完全に後者の方法をとられた。そうされると何となくよい気持になって、頑張って実験をして来たような気がする。それで一体自分は褒《ほ》められたのか、それともおだてられて来たのかが至極あいまいであった。しかし今や確かめる機会は永遠に失われてしまった。

寄稿 4

『雪』と手紙と出会いと

歌人
日本短歌協会副理事長
久《ひさ》泉《いずみ》迪《みち》雄《お》

「I駅の一夜」

数ある中谷宇吉郎随筆の中から一編を選ぶのは筆者にとって至難のわざだが、敢えてそれを強いられたとすれば何を選ぶだろうか。

そんな自問自答をしながら、岩波文庫の中の一冊『中谷宇吉郎随筆集』のページを繰った。そして選びだしたのは「I駅の一夜」である。この作品は岩波書店の雑誌「世界」の１９４６（昭和21）年２月号に寄稿されており、宇吉郎の第五随筆集『春艸雑記《しゅんそうざっき》』（昭和22年1月20日、生活社刊）に収められている。

この一編には、かの戦時中の体験が書かれている。その書き出しには、「まだ戦時中の話である。三月十日の未明本所深川を焼いたあの帝都空襲の余波を受けて、盛岡の一部にも火災が起きた。丁度《ちょうど》その時刻には、私は

久泉迪雄　１９２７（昭和2）年、東京生まれ。金沢工業専門学校（現・金大工学部）機械工学科卒。教職から富山県職員を経て、84年県立近代美術館副館長、94年高岡市美術館長。富山国際職藝学院創設にも携わる。日本短歌協会副理事長、富山県芸術文化協会参議、富山県歌人連盟顧問。「綺羅」編集発行人。95年富山県功労表彰、２００３年文部科学大臣表彰、04年富山新聞文化賞。

何も知らずに、連絡船の中でぐっすり寝ていた」

とあり、続いて

「盛岡へ着いてみたら、駅の周囲がすっかり焼けていて、まだ余燼《よじん》が白く寒空《さむぞら》に上《た》ち昇っている風景に遭《あ》った。今朝の夜明けに始めての空襲があって、駅も少しばかりの被害を受けた。とにかく汽車は此処《ここ》で打ち切るから、次の盛岡始発の列車に乗れという話である」

とある。宇吉郎は言われた列車のデッキにようやく乗り込んだが、寒風に耐えきれず、途中のI駅で下車してしまった。そして暗闇の道を歩いて宿をさがすはめに陥るのだが、空き宿はなく、交番の巡査の対応も冷たい。深夜、見知らぬ町を彷徨《さまよ》いながら、しかし、とある一軒の宿の親切な女主人の計らいで、ようやく泊まれることになる。その宿の主婦の配慮を得たのだった。

ここで断られたらどうしようもないのでと思った宇吉郎のさしだした、官職の入った名刺。名刺を持った女中が、なかなか出てこない。大分待ってやっと出てきたのが宿の女主人で「こんな時に、こんな所に先生が御出でになろうとは夢にも思いませんでした。私は先生の随分《ずいぶん》熱心な愛読者なんで御座います」との対応だった。

「先方も驚いたと言われるが、私も一層驚いた。誠に思いがけない時に、思いがけない所で思いがけない人に会うものである」

そしてその女主人が、相部屋ではあまり失礼だからと自分の居室に案内し、その部屋を提供してくれることになる。

「四畳半の二つの壁がすっかり本棚になっていて、それに一杯本がつまっている。岩波文庫が一棚ぎっしり並んでいて、その下に『国史体系』だの『古事記伝』だの『続群書類従《ぞくぐんしょるいじゅう》』*だのという本がすっかり揃《そろ》っているのである。そして今一方の本棚には、アンドレ・モロアの『英国史』とエブリマンらし*い英書が並んでいる。畳の上にもうず高く本が積まれていて、やっと蒲団《ふとん》を敷くくらいの畳があいているだけである。私はたった今の今まで、東北線の寒駅の暗い街をさまよい歩いていたことをすっかり忘れてしまっていた」

その後の対話は割愛させてもらって、女主人の語りの終わりは、

「明日は一番でお立ちで御座いますね。私は毎晩大抵《たいてい》十二時になりますので、朝一番で御座いますと、御目にかかれないかと思います。（中略）今女中にお床をのべさせますから、本当にこんな所で先生に御目にかかれようとは思いませんでした」

と言い残して、夫人は下りていったのだった。そして入れ代わりに来た女中

＊『続群書類従』＝江戸時代に塙保己一が収集・編集した古書や史書の叢書である『群書類従』の続編。保己一が計画し、没後は弟子たちが引き継いで刊行した。1902年から活字本が刊行され、戦前に第33輯下まで、戦後に34〜37輯が刊行された。

＊エブリマン＝中世イギリスで出版された道徳劇の代表作。

さんが、「明日の朝御飯の代わりにと奥様が言われましたから」と言って、紙包みをくれた。あけてみたら、真白な餅《もち》が五切れ入っていた。

「朝四時半に起き出した私は、皆の目を覚まさないように、静かに玄関に下りて、真暗な中を靴をはいて、そっと外へ出た。雪はもうやんでいて、星が二つ三つ見えていた」

と結ばれている。

長い引用で気が引ける思いがするものの、この一編に書き留められた出会いの場面には単にそのような場面というだけではなく、中谷宇吉郎のお人柄に触れる、温かいヒューマンな心情の機微が猫かれている、と言えるのではないだろうか。この一編の随筆には、宇吉郎の「付記」が添えられている。少し長いが、そのままを引用しておきたい。

「この話は戦争が第三年に入って、我が国が最後の苦しい段階に乗りかかった頃の話である。その時でも勿論《もちろん》この話は或る意味を持っていたと思われるが、今終戦後、国民の多数が浅間《あさま》しい争いと救われない虚脱状態とに陥っている際に、なるべく多くの人に知ってもらうことも、また別の意味で意義があるような気がする。日本の底力は軍閥や官僚が培ったものではない。だから私は今のような国の姿を眼の前に見せられても、望みは捨てない」

（昭和二十一年二月）

数ある中谷宇吉郎の中から一編を選ぶ、という拙文の書き出しを思うとき、選びたい文章は、ほかにもたくさんあるにはある。前掲の岩波文庫の随筆集でも、例えば私の好みからすれば、それは「立春の卵」でもいいし、また当然ながら「雪を作る話」、「寺田先生の追憶」や「イグアノドンの唄」であってもいいと思う。

しかしながらいま筆者には、中谷随筆に秘められた、中谷宇吉郎という碩《せき》学《がく》*の存在感に触れようとするとき、やはり「I駅の一夜」一編に込められ、書きとどめられた心情を、まずは挙げたい思いに駆られる。あるいはそれは、筆者が昭和ひと桁《けた》生まれの世代であるからなのかも知れない。

『雪』一冊を書き写す

まったく若気の至りというほかはないことながら筆者には、青年の頃、私《し》淑《しゅく》*の思いが高じて、尊敬する先達に手紙を差し上げる、大それたことを実行した思い出がある。その中のひとつが中谷宇吉郎先生へであり、もうひとつが天野貞祐《あまのていゆう》*先生へである。

＊碩学＝学問が広く深いこと。そういう人。大学者。

＊私淑＝尊敬する人に直接には教えを受けられないが、その人を模範として慕い、学ぶこと。

＊天野貞祐（1884～1980）大正・昭和期に活躍した哲学者、教育者。神奈川県生まれ。京都帝国大学名誉教授。戦後、第一高等学校校長、第3次吉田内閣の文相、獨協大学初代学長などを務めた。1961年文化功労者。

天野先生へのことはいまは割愛《かつあい》することとして、中谷宇吉郎先生への手紙のことを書き留めて置かねばならない。

このことについては既に、加賀市の中谷宇吉郎雪の科学館友の会機関誌「六花」第47号(平成29年5月刊)に寄稿しているので、ほとんどそれと重なることになるのだが、本書の読者には初めての人もおいでになると思うので、重複を懸念しつつも、ここにあらためて書くことにしたい。

筆者には、岩波新書の一冊、中谷宇吉郎著『雪』を全文手書きで写したという過去があった。

『雪』に魅せられて

筆者らは当時、戦時窮乏の待代の真っただ中にあり、学業を捨てて学徒勤労動員*の毎日。工場に動員され、戦時生産に挺身《ていしん》させられていた。1944(昭和19)年、旧制中学校の5年生だった。学業を捨てての勤労動員の毎日、知的欲求を満たすとすれば、それは読書しかなかった。工場の夜勤のひととき、ようやく与えられた仮眠の時間に、筆者は親友Mの兄の所有する本を借りて、それを読むのが唯一の楽しみだった。その中に『雪』一冊があったのである。

当時あまり蔵書を持たなかった筆者にとって、親友Mが兄の蔵書から抜いて

*学徒勤労動員=太平洋戦争末期の1943(昭和18)年以降に、深刻な労働力不足を補うため、旧制中学以上の生徒や学生が軍需産業や食料生産に動員されたこと。

貸してくれる寺田寅彦《とらひこ》や中谷宇吉郎の科学随筆は、まさに心の支えとなっていた。

『雪』一冊に語られている学究の生活と科学の方法、その説得力に富んだ宇吉郎の文章に魅せられた筆者は、工場から帰った夜、その挿絵《さしえ》の模写も含めて、克明にノートに写していった。写すことによって一層、宇吉郎の雪の科学に没入していった。こんな世界がある、やがて自分もそんな学究生活に身を置くことができるだろうか、などと深夜の机上にペンを握りながら、2カ月ほどに及ぶ筆写作業は、何にも代えがたい充実感をもたらしてくれたのだった。写し終えて、愛着の深い一冊を友人Mに返した。

手写した『雪』のノートは、その後勤労動員先の配置換え、富山市の空襲被災、更には石川県小松基地への勤務転換という敗戦に至る激動の日々、常に肌身離さずに持ち歩いたのはいうまでもない。

芙二子さんとの出会い

話は1984（昭和59）年まで、一気に40年をとぶ。富山県立近代美術館に勤務する筆者は、「現代芸術祭―工学と芸術」と題する展覧会の準備に当たっていた。

そしてはしなくも、この展覧会の出品招待作家として、中谷芙二子《ふじこ》さんにお目にかかることになった。いうまでもなく芙二子さんは宇吉郎の令嬢である。宇吉郎の随筆集『黒い月の世界』などにも、その少女期の姿が語られている人である。芙二子さんに直接、仕事の上でお目にかかる仕合わせは、宇吉郎の謦咳《けいがい》に接すると同じように、大きかった。筆者は万感の思いを込めて私淑《ししゅく》してきた心情と『雪』一冊を手写した一件を語らずにはおれなかった。

ところで筆者の喜びは、それだけでは終わらなかった。1985（昭和60）年1月15日のこと、職場に出勤した筆者のところへ電話がかかってきた。今朝の朝日新聞で筆者のことを読んだという、東京に住む同窓の友人からの電話である。思い当たるふしはまったくないまま、半信半疑で新聞を開いた。「火曜サロン」という学芸関係の欄のその日の執筆は、名古屋大学教授の樋口《ひぐち》敬二《けいじ》さんで、「樋口敬二さんと読む『雪』」と題されてのエッセイが載っている。記事には「最近、中谷先生の次女、芙二子さんから、次のような手紙をいただいた」とあり、

「先日富山県立近代美術館の学芸部長をしておられる久泉迪雄さんにお目にかかり、『雪』の思い出をうかがいました。昭和十九年の暮れ、戦争がきびしい状態になって学校の授業もなく、学徒動員で工場で働いていた時の

＊謦咳に接する＝尊敬する人に直接話を聞く。お目にかかること。

ことだそうです。『雪』を読んで感動し自然科学を志されたとのことでした。どうしても『雪』を手に入れたくて、いろいろ探してもだめで、友人の持っていたのが羨《うらや》ましく、とうとう借りて、全文を手書きで書き写したのだそうです」

という紹介のあと、「『雪』とは、そんな本である。まだ旧かな遣いであるため、若い世代にはとっつきにくいかも知れないが、読みはじめたら、かな遣いが気にならなくなるほど、ひきこまれてゆくに違いない。」と書かれている。

樋口敬二氏は中谷先生の学統を継ぐ雪氷学者で、その頃は名古屋大学水圏科学研究所所長、名文家としても知られていた。

昭和60年の5月、富山市へ講演においでになった樋口先生は、筆者に会いたいとおっしゃってくださった。その折、筆者は樋口先生の著作『雪と氷の世界から』(岩波新書)を頂く幸いに恵まれた。

半世紀以上の歳月を超えてなお、岩波新書『雪』は今に忘れがたく、筆者の書写したその一冊は、その後親友から記念にと贈られて、筆者は今に青春の歩みの記録として愛蔵している。なお樋口先生から筆者が記念に頂戴した色紙も大切に保存しているが、それには樋口先生直筆の雪華の結晶が描かれており、併せて「『雪』を通じての友情を永く」とのことばが添えられている。

碩学の手紙

金沢での青春時代。筆者は尊敬、敬愛の情もだしがたく、実は中谷宇吉郎にその気持ちを書いた手紙を差し上げている。当然のことながら、もちろんその手紙に返事を頂くなどを期待したのではなく、ただただ敬愛の心情を届けたかっただけのことだった。

ところが間もなく筆者に、中谷宇吉郎先生から直接、お便りを頂戴するという仕合わせに恵まれたのである。

中谷宇吉郎先生の便り（下の写真）

「拝復　御丁寧な御手紙を有難う御在います。私の随筆を愛して下さる未知の方が沢山あることを冥加《みょうが》なことと思つて居ります。かふいふ《（こういう）》世の中になつてみると、知慧《ちえ》と学問とがやはり一番大切なものであつたことが分かります。戦争中馬鹿なことばかりしていたと思つたら戦争がすんだら一層

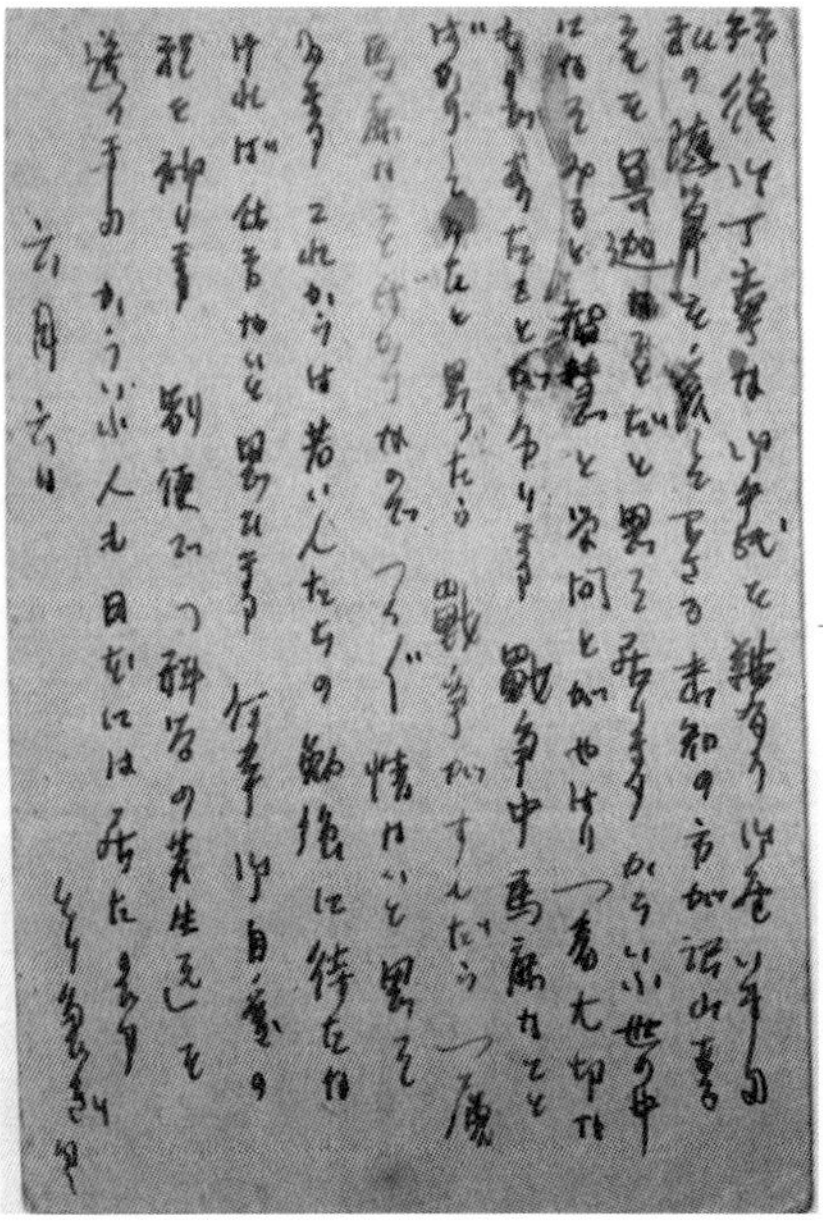

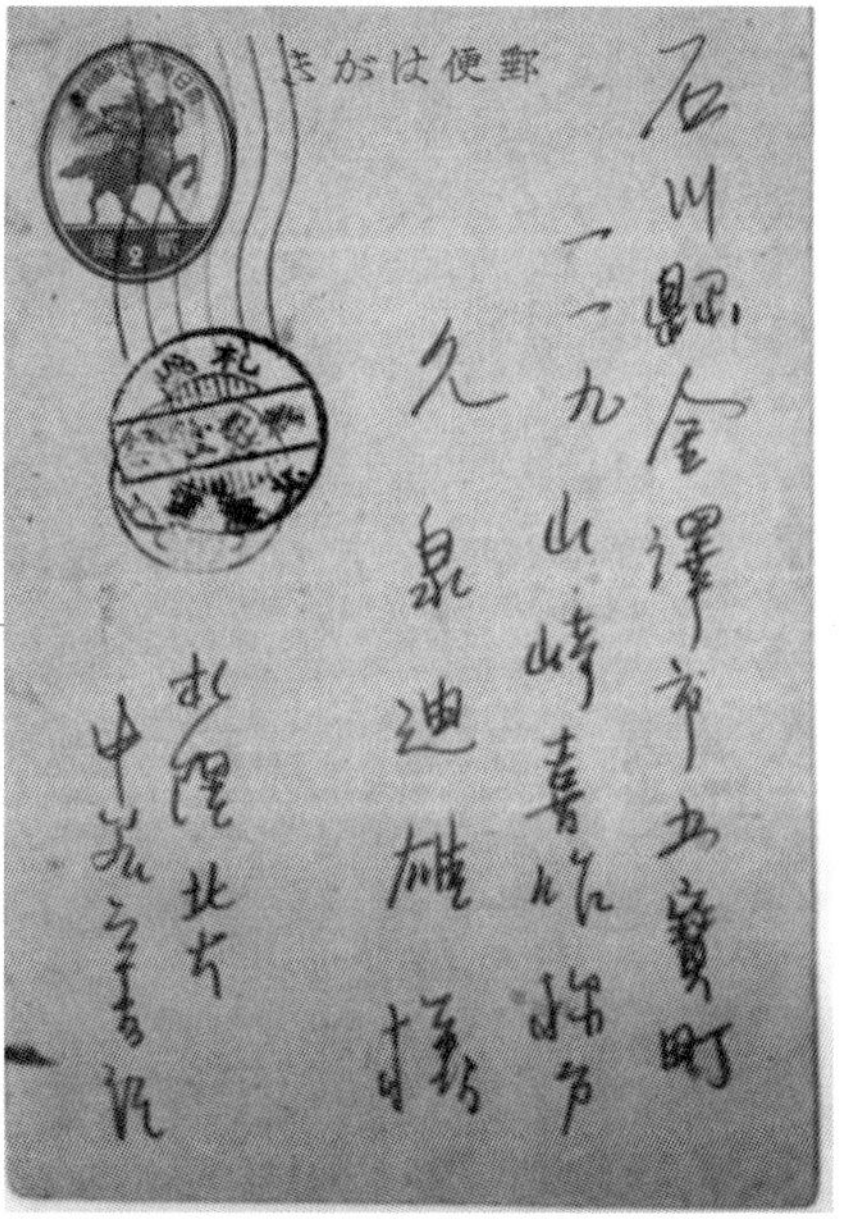

馬鹿なことばかりなので、つくづく情けないと思つてゐます。これからは若い人たちの勉強に待たなければ仕方ないと思ひます。何卒《なにとぞ》御自愛の程を祈ります。別便で『科学の芽生え』を送ります。かふいふ《（こういう）》人も日本には居たのです。取り急ぎ。

昭和二十一年六月六日」（原文のまま）

手紙とは別便で送られて来た冊子は、日本叢書一二（生活社刊）の『科学の芽生え』と題する一冊で、敗戦直前の刊行物。当時の日本の物資欠乏をさながらに象徴するような紙質と造本が、今になっては懐かしい。

「雪博士がもらった手紙」

中谷宇吉郎のことについては、まだまだ書き留めておきたいことがさまざまに思い浮かぶのだが、編集部から筆者に依頼された分量はもうすでに超えている。

ただ書き留めておきたい大切な、もうひとことがある。それは筆者が青年時代に、思いを込めて宇吉郎先生に書いた憧憬《しょうけい》の手紙のことである。

先生は晩年のひと日、身辺にあった数多くの資料や来信を整理されたらしい。夥《おびただ》しいそれらの分量は想像に難くないが、整理された後に残された若干の資料の中に、実は筆者が差し上げた手紙があったという事実である。

それを聞いたときの筆者の気持ちをどのように表現したらよいのだろう。

2002(平成14)年のある日。加賀市にある中谷宇吉郎雪の科学館館長(当時)の神田健三氏から、同館の企画展示として「雪博士がもらった手紙」という展覧会を開催するので、その展示に、筆者が中谷先生に出した手紙を展示するから了承してほしい、との依頼が来たのだった。

高名な政治家で文学博士の鶴見祐輔《つるみゆうすけ》氏*を筆頭に5人の人が出した中谷先生への手紙が、展示されるという、思いもしなかった機会がもたらされたのだった。

そして展覧会終了の後、筆者の書いた稚拙《ちせつ》な手紙は、同記念館の収集資料として収納される光栄に浴したのである。いうまでもなく博士直筆《じきひつ》の筆者への便り一通も添えてのことである。

碩学《せきがく》中谷宇吉郎という、日本の知恵の筆頭格ともいうべき人と、このように親近な思いを結ぶことが出来たことを、筆者は一生の得難い価値として大切にしている。

卒寿《そつじゅ》*を過ぎてなお、今年も、加賀市にある中谷宇吉郎先生の墓前に額づくことを、至福の思いで果たしたい。

---

*鶴見祐輔(1885~1973)日本の官僚、政治家、著述家。群馬県生まれ。東京帝国大学卒。衆議院議員4回、参議院議員1回当選。

*卒寿＝90歳。90歳の祝いのこと。

4 1945-1962年

世界に知られた雪博士

1956(昭和31)年6月、金沢大学附属小を訪れ約1500人の聴衆を前にユーモアを交えながら講演する中谷博士

戦後の食糧危機と長男の死

終戦の後、中谷博士は札幌にいた家族を狩《かり》太《ぶと》村（現北海道ニセコ町）に呼び寄せるとともに、着氷研究所の施設を利用して農業物理研究所を開設する準備を始めました。研究所は1946（昭和21）年2月に発足し、着氷研究所の関係者の生活を守るとともに、北海道の食糧問題を改善するために活動しました。

終戦の45年に、北海道は深刻な冷害に見舞われ、重大な食糧危機に直面していたのです。そんな中で46年5月に栄養失調で長男の敬宇《けいう》が発病し、7月に札幌へ戻ったものの回復せず、11月に亡くなりました。

その頃の北大は石炭が不足して暖房がなく、低温研究所は進駐軍の兵舎として接収されていました。

そんな中、博士は46年12月に皇太子殿下への御進講、次いで天皇皇后両陛下への御進講を行い、その間にマッカーサー司令部の経済科学関係者らに映画「Snow Crystals」を上映しました。

雪を資源として調査する

1947（昭和22）年6月から中谷博士は石狩川の洪水の総合観測を始め、翌年3月に大雪山の水資源調査を開始しました。調査は、水資源調査に必要だとしてGHQ（連合国軍総司令部）に依頼した大雪山周辺全域の航空写真から、大雪山系を源とする忠別《ちゅうべつ》川流域に積もった雪の全重量を測定するという画期的なものでした。

48（昭和23）年の9月、博士は自宅を東京都渋谷区原宿に移しました。前月にはアメリカのプリンストン大学に招かれて渡米する直前の湯川秀樹博士と京都で会いました。ネバダ大学の教授で「積雪水量測定の父」と呼ばれたチャーチ博士が、中谷博士にも渡米を促していたのです。

翌49年7月、博士は米国とカナダへの視察に出発しました。3カ月間でアラスカ、アメリカ西部、カナダを巡り大学や研究機関で視察や講演をしたほか、雪の国際分類委員会にも出席しました。

この年は長年の成果をまとめた「雪の結晶の研究」が出版され、博士にとっては実り多い年となっています。

家族とともにアメリカへ

1949（昭和24）年のアメリカ・カナダ視察の折に設立計画に加わった米国雪氷永久凍土研究所が52年に完成し、中谷博士は顧問研究員として雪氷学の実験的研究の指導を依頼されました。アメリカには中谷博士のように実験を指導できる人材がいなかったのです。

6月、博士は単身でアメリカへ渡りました。研究所は国立の施設でシカゴのウィルメットという町にありました。博士は不足している実験機器をそろえたり、自分で製作したりしていったん帰国し、今度は家族全員でアメリカに渡りました。

住まいはシカゴの研究所に近いウィネッカという住宅地で、森の中にある静かな町でした。家は偶然、東京駐在になる軍関係者がおり、その留守の間、家具付きの家を借りました。長女の咲子はノース・ウェスタン大学に編入し、次女芙二子は現地の高校へ、三女の三代子は小学校へ入りました。

研究所の指導で2年余り滞在した博士は、アラスカのメンデンホール氷河から運ばれた氷の巨大な単結晶に出合い、これを使って氷の物性《ぶっせい》研究をしようと決意しました。チンダル像や氷の力学的変形などを見事な実験で示した博士でしたが、日本を思う気持ちや郷愁に促され、長女と次女をアメリカに残して54年（昭和29）8月に帰国しました。

現代日本と古代東洋への関心

帰国した中谷博士は、原宿の家で妻静子、三女三代子と暮らすとともに、札幌の名家である伊達《だて》家を宿所にして北大の研究室に通いました。博士は、米国雪氷永久凍土研究所で行った氷の結晶に関する研究の膨大《ぼうだい》なデータを解析し、氷の物性研究の論文にまとめていきました。

2年間のアメリカ滞在を経験した博士は、「科学は役に立つか」（54年11月）、「科学と国境」（同年12月）、「自由と進歩」（55年1月）、「六三制を生かす道」（同年3月）など盛んに随筆を発表しました。科学、そして日本の進むべき方向を問いかける内容でした。

55年6月ごろ、北九州へ旅行し福岡県浮羽町（現うきは市）にある臨済宗大生寺に2泊し、芝原行戒《しばはらぎょうかい》師と中国古代の神仙道と禅宗の関係について話し合う機会をもち、啓発されたと記しています。中谷博士はかねてより小説家幸田露伴の神仙に関する著作を読んでおり、古代東洋への関心を深めていたのです。

グリーンランドで氷冠を研究

1957（昭和32）年6月、博士は家族とともにアメリカへ出張し、米国雪氷永久凍土研究所が実施しているグリーンランド研究の第5次遠征隊に加わりました。そこには氷冠（陸地を覆う氷河のかたまりで5万平方キロ未満のもの）があり、氷冠の中に閉じ込められた気泡の中の空気を調査すれば、気候の長期変動を解明できるかもしれないという学問的好奇心がありました。

その後も58年の7月、翌59年5月、60年の6月とグリーンランドに出張し、数カ月間研究に従事しました。

こうした博士の国境を越えた研究活動は国際的に認められ、57年に国際雪氷学会副委員長に選ばれました。

未完となった氷の研究

１９６０（昭和35）年５月に還暦祝いを行った博士は、この年も7月にグリーンランドに向かい、到着を待ちわびる各国の研究者たちに迎えられましたが、到着した博士はたいへん疲れた様子でした。がんに侵されていたのです。雪のトンネル内の実験室で実験中に倒れそうになることもあったと助手が回顧しています。

60年11月から61年4月にわたり、博士は「北陸の民家」、「根強い北陸文化」、「貝鍋の歌」、「かぶらずし」、「九谷の皿」、「私の生まれた家」などふるさとをテーマに味わい深い随筆を執筆しました。61年5月に札幌で日本気象学会の大会委員長を務めた博士は、北大の研究資料を整理し、後進に引き継ぎました。62年になると病状が悪化し、同年4月11日、骨髄がんのため東大病院で亡くなりました。即日、正三位勲一等に叙せられ、4月14日、青山斎場で葬儀が営まれました。

今なお続く顕彰活動

博士が亡くなる前の１９６０年、イギリスの南極地名命名委員会は、中谷博士を讃えて南極半島沿いの小群島に「ナカヤアイランズ」と命名しました。94年（平成６）11月には博士の業績を広く紹介するために故郷の片山津温泉の地に「中谷宇吉郎雪の科学館」が開館。翌年、加賀市が博士の業績を記念して「中谷宇吉郎科学奨励賞」を制定しました。

２００３年に北大の総合博物館に中谷教授室が復元展示されました。そして同年、国際天文連合により小惑星１０２５２番が「ウキチロウ」と命名されました。この小惑星は小惑星「トラヒコ」とともに、ほぼ火星と木星の間を通る軌道で太陽を周回しています。

科学随筆と加賀の土地柄

中谷博士の教え子
名古屋大学名誉教授
樋《ひ》口《ぐち》敬《けい》二《じ》

科学随筆と寺田寅彦

中谷先生の非常に大事な仕事で、（雪の研究とともに）もう一つの仕事は、中谷先生がいわゆる科学随筆というものをたくさんお書きになったという点であります。中谷先生は、大学の学生時代に寺田寅彦という有名な物理学者であり、かつ文章家であられる方の指導を受けられまして、学問的にも文筆面からも、非常に影響を受けられ、寺田寅彦先生の衣鉢《いはつ》を継いでいる方だと言われております。

私、今回、随筆集（岩波文庫『中谷宇吉郎随筆選集』１９８８年刊）を編さんして、寺田寅彦と中谷宇吉郎両先生の随筆はどこに違いがあるんだろうか、同じ科学随筆と言われておりますけれども、どんな違いがあるのかを考えました。

樋口敬二　１９２７（昭和２）年、京都府まれ。52年北海道大学理学部物理学科卒。56年北海道大学講師、60年理学博士。61年同大助教授、66年名古屋大学水圏科学研究所教授、後同大名誉教授、93年名古屋市科学館館長。65年「降雪雲の構造的研究」で日本気象学会賞。73年『地球からの発想』（新潮選書）でエッセイストクラブ賞。２００２年勲三等旭日中綬章受章。

これは中谷先生自身が、『科学と文化』という文章に書いておられます中に、科学というものを広く一般の人に知ってもらうことが大事である。その中に科学を、分かってもらう方法として四つある。その一つは、科学的な考えというのはどういうものだということを知ってもらうことが大事だ。その一番いい例が寺田先生の随筆である。寺田先生の随筆を読んでいると、科学的な考え方というものがどういうものかよくわかる。つまり科学的なものというのは、一つの疑問を出して、どういう不思議があるかということを説いていくことである。

「立春の卵」で科学的な考え方を示す

今度の随筆集に載せました「立春の卵」という中谷先生の随筆があります。これは立春の日は卵が立つと言われていて、日本でも、中国でもそれを一斉にやって、それが非常に話題になった。

中谷先生が立春の日にどうして卵が立つんだろう、と考えて試した結果、何のことはない、いつでも立つのですよということを示された。というのは卵といっても、実は底が丸いようでも三点ちょっと突起があって、うまく立てるのもあるのだ。ただ一般の人は立たないものだと思っているから、立てるまでの

この回想は、『石川自治と教育』第426号（1988年）に収録された樋口敬二「雪の話と中谷宇吉郎先生の想い出」の一部を抜粋したものです。見出しや表記を一部改めています。

努力をしないだけの話であって、つまり立春に立つと思えば、その時は立つはずだと思って一生懸命やるから立つのであって、いつでも立つのだということを、書かれました。

なぜかと思って調べて行くのが、科学的な考え方であると言っておられます。そういう考え方を示すのは、寺田寅彦先生の随筆がその典型であると言っておられます。

手の内を紹介して科学を理解させる

それに対してもう一つ、寺田先生がお書きにならなかったもので、中谷先生が始められたものは、自分の研究の紹介を通して、科学を理解させるという方法です。例えば何か不思議だという疑問をもった、それをどんなふうに解いていったかという道筋をずーっと書いて、そして科学というのはどういうものだということを理解させる。そういうのが科学を理解させる一つの方法だと、中谷先生が書いておられます。

今度、随筆集におさめました「雪の十勝《とかち》」とか、あるいは「雪を作る話」というのも、まさにそうでして、中谷先生がどうして雪に興味をもったか、どうして雪を人工的に作ろうと思ったか、どういう苦労をしながらその実験室の中で雪を作ったかという事が書いてあります。

科学者というのはどんな仕事をしているんだという手の内をちゃんと書いてみれば、一般の皆さん方がいろんな仕事をしているのと同じようなことで、疑問を持ち、それをどんなふうに解いて来たかということを知ってもらえば、科学というものも決して遠い存在じゃなくて、身近なものだ。同じような考え方を進めていくんだということを言っておられます。

新書版科学書の始まりは『雪』

岩波新書で有名な『雪』*という本をお書きになりまして、これはもう50年以上経ったわけです。最近また特製本として出ましたし、それから岩波新書の古典的な名作として、復刻されております。これは旧仮名遣いなんで、若い人には読むのに苦労が多いだろうと思うんですけれども、ぜひ若い人にも読んで欲しい。中谷先生が雪を調べていかれた道筋を通して、科学とはどんなものだということを知ってもらうことになると思います。

戦前に岩波新書という新書が始まったら、戦後になって、他の出版社も真似して出すようになった。その中に科学的なものを入れるというと、硬いようにと言われていたのが、最近はそういう新書版で科学の本が一般の人にも読める

*岩波新書『雪』＝1940（昭和15）年に刊行された岩波新書のロングセラー。科学の研究とはどんなものかを知って欲しいという「雪博士」の熱い思いがみなぎる。

ようなものになって、今は非常に多く出ております。その始まりが実は中谷先生の『雪』で、これが非常なベストセラーになったので、各社の新書の中にも科学系のものを入れていこうというふうになったと言われています。その意味では出版のある基本を作ったというわけで、中谷先生のお仕事は科学普及の面で非常に大きな貢献をしているわけであります。

アイスキャンディから研究の道へ

実は、私も寺田寅彦先生の随筆とか、中谷先生の『雪』を読みまして、自分もそんなことをやりたくなりまして、雪や氷の研究をするようになりました。戦後買い出しに行く時に、駅で売っている唯一のものは何かといいますとアイスキャンディでして、買い出しの途中、あちこちでアイスキャンディを食べると、どうもアイスキャンディの硬さとか歯ごたえが違う。どうしてだろうという疑問を持って、中谷先生の『雪』とか『雷』を読んで、研究というものはどんなふうに進めるものかを知ったものですから、それに従って仕事を進めたわけです。

宣伝めいて申し訳ないんですが、私も同じ岩波新書で『雪と氷の世界から』というのを書きまして、その一番最初に中谷先生のおかげで、アイスキャンディから雪や氷を始めることになりましたと書いたんです。先ほど言いました中谷先生の雪の結晶のお仕事とか、氷の結晶であるとか、それ以外に凍土と言いまして、土の中の水が凍るという仕事も、この中で書きました。これについては中谷先生の二番目のお嬢さんである芙二子さんにいわれて大変恐縮したんでありますが、私の本は全体で11章あるんですけれども、中谷先生の事が出てこないのが2つだけで、あとの9つは中谷先生の事が出てくる。そのくらい私は中谷先生の御指導を受けました。私の随筆集でもそうですけれども、中谷先生のを読みますと、そこが弟子の悲しさで、先生のように書けないから自分で書くのが嫌になってしまうんですね。だから余計に中谷先生とは別のものを書かねばならないという気が強くして努力するのであります。

石川近代文学館に宇吉郎の遺品を展示

今回、岩波文庫『中谷宇吉郎随筆集』の解説に書いたのですが、中谷先生の随筆の中に「科学以前の心」といって、中谷先生が四高に通っていらっしゃった時の事を書いておられまして、中谷先生がおられた頃の金沢の人たちの考え方を書いてあるのです。

中谷先生が通われた頃の金沢と今は変わっておりますが、その解説の中にも書いたのですけど、先生が通われた当時の四高の建物が残っていて、石川近代文学館（現在の石川四高記念文化交流館）になっています。

これは余談になりますが、近代文学館からご相談をうけまして、中谷家の方々のご協力を得まして、中谷宇吉郎遺品の展示のお手伝いをしました。文学館に行って見ると、西田幾多郎とか鈴木大拙とかいう流れの中で、中谷先生の展示がされております。

「加賀文化が生んだ言葉」

そう思ってみると、科学随筆という系列の中で、中谷先生の作品は加賀という土地柄が生んだ作品ではないか。こういう事を思ったのは4年ぐらい前になりましょうか、「環日本海金沢国際シンポジウム」がございまして、その時に作家の司馬遼太郎さんが、「加賀文化の形成」という特別講演を1時間ばかりされました。司馬さんを存じ上げているものですから、行ってお話した時に、中谷先生が石川県の出身だといいますと、司馬さんが、「そういわれてみると『雪は天から送られた手紙である』というのは、加賀文化が生んだ言葉のような気がしますな」と言われたんですね。

それで今言ったように近代文学館を見た時に、ただ単に科学随筆ととらえるだけではなくて、この加賀という風土が生んだ文化としてとらえなければならないのではないかという気がしました。

中谷作品を地元の目で見直す

そこで、岩波文庫の解説のおしまいにも、その2つを複眼的に考えないといけないのではないかと書きました。中谷先生の書いておられる「かんざしを挿した蛇」などを考えると鏡花の世界です。『高野聖《こうやひじり》』*であるとか、ああいうものと関わるものがあるのではないか。ここで育たれた方々とか、あるいは土地を知っている方が、中谷先生の作品を評価し、新しい体系付けが進むのではないだろうか。それが残された課題であると、岩波文庫の最後の解説の所に書きました。

中谷先生の作品は、どうしても科学面といいますか、雪の方から見られることになりますけれども、むしろこれからは石川近代文学館とか、あるいはここの出身の土地の方が、地元の目で見てみる。中谷先生の随筆の中に、加賀というこの土地がどんなふうに反映されているかということを、やはりいろいろお考えになることが、この土地の文化を育てる一つの要因になるのではないかと思っております。

---

*『高野聖』＝泉鏡花の短編小説。当時26歳だった鏡花が作家としての地歩を築いた作品で、幻想小説の名作でもある。高野山の旅僧が旅の途中で道連れとなった若者に、自分がかつて経験した不思議な怪奇譚を聞かせる物語。

先生との出会い、そして宗教観

大乗寺山主、文学博士
東《あずま》　隆《りゅう》眞《しん》

お声掛けてくださった

私は、中谷宇吉郎先生、静子夫人、夫人のご母堂寺垣品《しな》様、それに先生のお嬢さんたち（中谷オルスン咲子《さきこ》、中谷芙二子《ふじこ》、中谷ロトー三代子《みよこ》の３氏）と直接の御縁をいただいております。

昨年（２０１７年）は、中谷先生没後55年ということですが、もちろん生前の先生にもお会いしました。

先生のお通夜にも、中谷家にお参りさせていただきました。その時、海音寺潮五郎*、武見太郎*、小林勇*、岡潔*ら当代一流の名士そのほかが参列しておられました。

東　隆眞　１９３５（昭和10）年、京都府京丹後市生まれ。曹洞宗大本山總持寺専門僧堂掛錫。駒澤大学仏教学部禅学科卒業。駒澤大学大学院修士課程修了。文学博士（駒澤大学）。69年、第8回日本印度学仏教学会賞受賞。95（平成７）年、東京都功労者表彰。２００２（平成14）年、東香山大乗寺第七十二世山主就任、現在に至る。

静子夫人は、1986（昭和61）年7月10日、76歳で逝去《せいきょ》されましたが、芙二子様のご依頼で私がお戒名を安んじ、葬儀の導師をお務めいたしました。静子夫人のご母堂の寺垣品《しな》様は、1962（昭和37）年9月12日にお亡くなりになりましたが、この時、当時私の師匠であった渡辺頼応《わたなべらいおう》老師（大乗寺重興第六十六世、曹洞宗大本山總持寺独住第十七世、勅諡円鑑不昧《ちょくしえんかんふまい》禅師、渡辺玄宗《げんしゅう》禅師の弟子。旧制第四高等学校・東京帝国大学卒）が葬儀の導師となり、私はその下で一緒に法要をお務めしたのでありました。

かつて寺垣品様は、大乗寺婦人会の役員をして表彰され、頼応老師とは、同参の間柄でもあったのです。その縁もあって、学生であった私は、品さんに頼まれ、東京・原宿の中谷邸に、仏前の読経《どきょう》のため、しばしばおうかがいしていたのです。読経後、静子夫人は精進《しょうじん》料理をふるまってくださり、品さんは、お布施の包みとともに、石鹸《せっけん》とかタオル、果物や仏教雑誌などを、私の頭陀袋《ずだぶくろ》に押し込んでくださいました。

駒澤大学の学生のころ、ご縁があり、東京・原宿の中谷家に出入りしていた私に、先生が直接、お声を掛けてくださったこともありました。

昭和32年ごろだったでしょうか。品さんからの連絡を受け中谷邸の門をくぐると、中谷先生もいらっしゃいました。

＊海音寺潮五郎（1901～1977）小説家。鹿児島県生まれ。著書に『史伝西郷隆盛』『天と地と』『蒙古来たる』など。

＊武見太郎（1904～1983）日本医師会会長、世界医師会会長を歴任。京都府生まれ。慶應義塾大学医学部卒業。

＊小林勇（1903～1981）元岩波書店会長。長野県生まれ。岩波茂雄氏の女婿。岩波文庫の創刊に携わる。

＊岡潔（1901～1978）数学者。奈良女子大学名誉教授。大阪市生まれ。京都帝国大学卒業。

「私は、このあいだ、ハワイの高い山の頂で、雪の観測をしてきました。あんな高いところでひとり閉じこもって研究を続けていると、世界にたったひとり存在しているような感じになるものです」

「グリーンランドから3000年前の氷を持って帰るときは、飛行機の中で、氷を座席に置いて、自分は立ったままで日本に着いたようなものでした」

「氷や雪の研究のために、アメリカなど海外を随分、往復しました。往復100回記念に、日本航空から模型の飛行機が届けられました。玄関に飾ってあるのがそれですよ」

仕事を語る中谷先生の目はきらきら輝き、本当に楽しそうでした。

こんなことも言われました。

「あなたは禅宗ですか。禅宗はいいですね。しっかりやってくださいね」

「今日は地下鉄で帰ってきましたが、これは3年前の切符ですよ、と駅員に注意されました。どこで切符を買ったんでしょうかね」と、とぼけた口調で語り、いかにもおかしそうに笑われたんです。こういう一面もあったんですね。

ゆかりの数珠を保管

品さんは、中谷先生が亡くなって半年ばかりの1962(昭和37)年9月、92

歳で大往生《だいおうじょう》を遂げました。実は私は品さんの遺品として、静子夫人からいただいた数珠《じゅず》=写真=を大事にしています。この数珠は、菩提樹《ぼだいじゅ》の実、珊瑚《さんご》、水晶でつくられた臨済宗のもので、筑後の臨済宗大生寺《だいしょうじ》住職・芝原行戒《ぎょうかい》老師から品さんがもらったものです。生前、中谷先生が所望していたと聞いており、結局、品さんが預かったまま先生は他界。その品さんも亡くなって、静子夫人はお棺《かん》の中に入れようとして思いとどまり、私にくださったのでした。中谷先生は行戒老師とは遠縁ともうかがっており、その意味では中谷先生の遺品でもあるわけです。

これらのことは、すでに拙文「中谷宇吉郎家と私」(『中谷宇吉郎　ゆかりの地』)などに記したので、詳しくはそちらをお読みください。

不安を口にされた静子夫人

ある時、静子夫人は「自分の娘たちは、それぞれがんばってくれているので、なんの心配もない。しかし、このあといったいどうなるんだろうか」と、眉をひそめてポツリと漏らされたのが、耳から離れませんでした。しかし、当時の私には、この小さな独り言のようなお言葉に、何も答えることができませんでした。

静子夫人から筆者に託された中谷家ゆかりの数珠

後年、私は、大乗寺の住職になりました。先述したように、私は中谷家に読《ど》経《きょう》供養《くよう》で参上しておりましたが、そのとき、お近くに住んでいらした東大総長の茅誠司《かやせいじ》＊先生のご夫人とか、加賀八家《はっか》＊筆頭の本多《ほんだ》旧男爵《だんしゃく》家＊本多政一《まさかず》様のお姉さん美知子様とか、東大の女性の物理学者のお方とかが同席されました。本多さんは、「あなたは、大乗寺とご縁が深いようだが、どうです、ぜひ大乗寺の住職になったら。私が微力をお尽くししますよ」とおっしゃったことがあります。このお方の弟さんは、本多家のご当主で、宗教法人大乗寺の責任役員でもありました。

「いや、ありがたいお言葉ですが、それはお断わりします。というのは、いずれ兄《あに》弟子の板橋興宗《いたばしこうしゅう》が住職になるはずです」とお答えしたことがあったのです。

しかし、仏縁というものは、私の個人的な思量をはるかに通り越えて働きます。のちに私は、大乗寺の山主に推薦されました。今年で17年目を迎えます。

御位牌をつくり安置

それはそれとして、一段落したころ、私は中谷静子夫人のおことばの実現化を図り、中谷家の御位牌＝左ページ上の写真＝を大竹仏壇製作所の喜信氏に依

＊茅誠司（1898〜1988）　物理学者。第17代東大総長。神奈川県生まれ。東北帝大卒業。中谷宇吉郎博士との親交は深く、墓碑銘を揮毫《きごう》している。

＊加賀八家　加賀藩にいた1万石以上の大名家老（年寄役・人持組頭）5代藩主綱紀が藩の職制改革で定めた制度で世襲制。

＊本多旧男爵家　加賀本多家は本多正信の次男・政重を祖とする家系。加賀前田家に仕え、加賀八家の一家として家老を世襲し、五万石を領した。

頼して作製し、これを大乗寺位牌堂に安置しました。これにより、永く御位牌は安置され、大乗寺が存在する限り安泰することになったのであります。2012(平成24)年のことです。そして、中谷先生、静子ご夫妻のお嬢様お三方をお呼びし、また、芙二子さんのお声がかりで、御親戚も加わって、法要を営みました。その時の記念写真=下の写真=を掲げておきます。

大乗寺位牌堂に安置した中谷家の位牌

2012年4月に営んだ法要の記念写真。左端が筆者で前列左から咲子、三代子、芙二子の各氏

前後しますが、また、お葉書をいただいて中谷家におもむき、ご供養が終わって静子夫人と芙二子さんが、私を大いに歓待してくださったのです。その時、私が持参した『中谷宇吉郎随筆選集』（全3巻　朝日新聞社刊）の内表紙に、静子夫人が「中谷宇吉郎」の印を押してくださいました。また、このときたまたま、三女三代子さんの御夫君アルベルト・ロトー氏のピアノ演奏のラジオ放送に3人が耳を傾けることができたのも、懐かしい思い出となっています。

中谷博士の宗教観とは

ところで、中谷先生は、門外漢の私などが申すまでもなく、北陸が生んだ日本が誇る世界的な科学者です。若い人は次世代の中谷先生の後継者として志を立てていただきたいのです。さて、また、中谷先生は宗教、仏教についてはどのように受け止めておられたか。

このことについては、ほとんど誰も取り上げた人はいないでしょう。不肖私だけでありましょう。そもそも、いわゆる科学者は、宗教などは迷信として退けてしまうのが関の山です。何も知らないのです。この点、中谷先生はどうでしょうか。

かつて私は、日本でいちばん長い歴史、今年で創刊121年を閲《けみ》するわが国唯一の宗教界新聞「中外日報」に記した拙文《せつぶん》「中谷宇吉郎と禅」（1969年7月27日～8月1日）の一部を抜粋《ばっすい》して、その宗教観をうかがい、私の中谷宇吉郎先生の回想記を閉じることに致しましょう。

少年期から関心持つ

さてまた、宇吉郎は、宗教と科学の問題に、早くから関心を寄せていた。昭和十四年、少年向きにかかれた科学随筆で、支那思想つまり漢字文化や仏教の「色即是空《しきそくぜくう》」などという表現形式は、科学的記述には禁物であり、現代の物質科学の発展に都合のよい形式とは思われないと述べて、中国や仏教の思想が、日本人の科学的な物の考え方に、不利な影響を与えたとする。

物質科学は、自然科学という学問分野であり、人生の一部分を支配するにとどまるから、その発達にあまり役に立たないからといってだから仏教がつまらないということになるのでない。西洋中世においても、キリスト教の猛威は、自然科学の進歩をさまたげたのである。

もともと宗教と科学とは、全く別のものであって、科学といくら矛盾《むじゅん》しようが、そんなこととは無関係に存在しているところに、宗教の本質がある。そのように、宇吉郎は考えている。

つまり、宗教は宗教、科学は科学、ひろくいえば、両者は人間文化の一面にすぎない。両者を混同すると、それぞれの本質を失う。

しかし、そうはいうものの、この宇吉郎の宗教観は、甚《はなは》だ微妙で複雑な振幅《しんぷく》を示している。

たとえば、自分の反科学的環境の少年時代を回想して、それが自分のその後の科学にとって、そうひどく邪魔になったとは思えないといっている。

というのは、高等学校入学当時、ヘッケルの「宇宙の謎」の翻訳本を興奮して目を輝かしながら読んだのは、未知に対する驚きとふしぎがあったからで、そうした興奮こそは、反科学的教育のおかげであるからだ。

そう書いて「物心一如というような、荒唐な夢があまりにも明らかに実現され、その原理に従って現実に原子爆弾が出来たのである」というのである。

この「物心一如」という言葉はまぎれもなく、東洋思想なかんずく仏教教理の基本的なものである。

また、たとえば、北海道のある女学校で、講演を頼まれたあと、先生方との座談会がもたれたとき、その席上で、宗教と科学とのつながりに関して質問をうけた。それは昭和二十三年頃であるが、宇吉郎は、次のように記している。

「水晶細工のような精緻《せいち》無比の雪の結晶と、長年一緒に暮らしていると、一種の愛着のような感情も出てくるのである。ところでその質問というのは、そういう自然の内奥に直接当面するような研究を、長年続けていると、宗教的な感じまで進むのではなかろうかという話なのである。自然科学の研究を、行き着くところまでつきとめて、それを宗教の域にまで高める」ということは、人間に許された最も崇高《すうこう》な仕事の一つである。行き着くといっても、自然の奥に秘められた理法には、窮極というものは無いので、ここでは、その研究者の全身を挙げての努力によって、行き得るところまで行くという意味である。

そういう意味では、科学の研究を宗教の域にまで高めるというような崇高な仕事をなし遂げた人は世界の歴史の上でも、そう数が沢山あるものではない。そういう例の引き合いに出されては、大いに赤面するばかりである。

しかしまあそう生真面目に考えないで、研究の方法とか性格とかいうものだけを見るとしたら、雪の結晶の研究などは、その方向に進むべき性質の研究であろう」

科学研究を行き着くところまでつきとめて、宗教の域にたかめることは、人間に許された崇高な仕事であるといい、その窮極とは、なにかがあるのではなく、研究者の全身を挙げての努力のなかにしかないという。不断の努力が、研究の窮極なのだという。これはたしかに味のある言葉だ。そして、ここに宇吉郎の宗教観の進展をうかがうのである。

宇吉郎は、科学の限界を説く科学者であった。科学には、はっきりした限界があって、再現不可能の問題の範囲内だけしか適用されないと述べている。これを科学の特色といわないで、あえて限界と表現したところに、宇吉郎の特色があるのではなかろうか。

宇吉郎は、臨済宗の禅寺にときおり立ち寄って、芝原行戒から、禅の話を聞いたりして、禅に対する知識を拡げていったことと思われる。

（元駒沢女子大学長。大乗寺専門僧堂長、師家。世界禅センター長）

白山道路（株）

南加賀の基盤整備を推進

道路舗装工事

土木工事

建築外構工事

駐車場補修工事

創業者・源彦恵が小松市の安宅の関出入り口に築いた「武蔵坊弁慶」の石像
＝小松市安宅町

白山道路株式会社

〒923-0004

石川県小松市長崎町4-61

電話番号 0761-24-0115

白山道路㈱は１９７５（昭和50）年に、源彦恵《ひこえ》が建設業許可を取得し、資本金１００万円で小松市一針町に太陽メンテナンス株式会社の名で創業しました。76年に長崎町の現在地に移り、商号も白山道路株式会社としました。90年、新社屋を建設。

95年には資本金を１千万円に増資。２００３年にはＩＳＯ９００１（品質）を認証取得しました。

04年には創業30周年を迎え、翌年、源幸雄副社長が社長に就任し、創業者の彦恵は会長に就きました。

２０１０年、県南加賀土木総合事務所長から舗装部門の優良建設工事表彰を受けています。

役員、従業員合わせて20人規模の会社ですが、南加賀の基盤整備に、大きな力を発揮しています。

加賀國銘酒

常きげん

文政二年酒蔵開き
来年は創業二百年

酒通の中谷博士も
一献傾け
「常きげん」だった？

蓮如上人に由来する
「白水の井戸」名水仕込み

鹿《か》野《の》酒造株式会社

取締役会長 鹿野頼宣　代表取締役 鹿野博通

〒922-0336　加賀市八日市町イ6
TEL 0761-74-1551　FAX 0761-74-6120
E-mail　kano@jokigen.co.jp

5

雪の科学館とゆかりの地

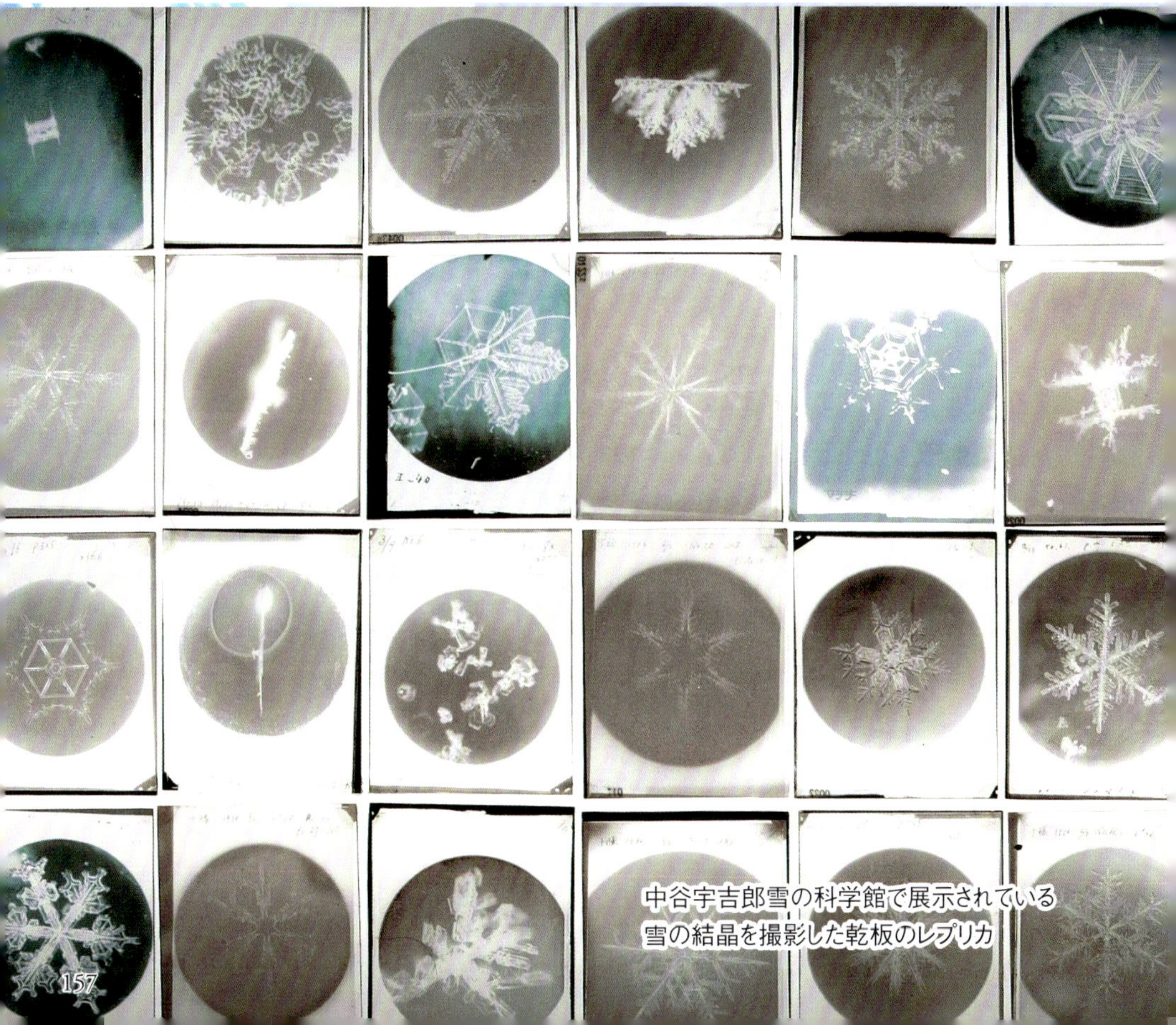

中谷宇吉郎雪の科学館で展示されている
雪の結晶を撮影した乾板のレプリカ

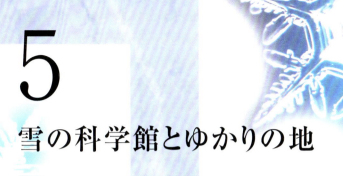

寄稿 6

運命的な出会いに感謝

中谷宇吉郎雪の科学館
館長
廣《ひろ》瀬《せ》幸《ゆき》雄《お》

74歳にして「再会」

人の一生には、誰にもかけがえのない出会いがあると思います。それは普通、数えるほどでありましょう。私にとってその筆頭にあるのが、中谷宇吉郎先生です。しかも先生を知り敬愛するようになったのは二十歳前。それから長い歳月を経て、古稀《こき》を過ぎた74歳で、中谷宇吉郎雪の科学館の館長を拝命致しました。これがいわば中谷先生との「再会」です。

初めての出会いも、再会も、無論、先生と直接、言葉を交わしたわけではありません。本や雑誌、新聞といった活字媒体《ばいたい》を通じて出会ったのです。しかし、青春の日々から馬齢《ばれい》を重ねた今日まで、常に科学者として尊敬してきたことから、「邂逅《かいこう》*」とでも表現すべき運命的な出会いであったと確信しております。

廣瀬幸雄　1940（昭和15）年11月、金沢市生まれ。金沢大学名誉教授、工学博士、専門は破壊工学。日本コーヒー文化学会副会長（2018年4月から会長）、NPO法人イグ・ノーベル科学教育研究所理事長。2003年にカラスやハトなど鳥類撃退の合金開発でイグ・ノーベル賞を受賞。09年超音波計測による骨密度評価法の開発育成で文部科学大臣賞受賞。

私が金沢大学理学部の学生となった頃に、中谷先生を知りました。物理学専攻の私は、はじめ「雪博士」の先生を、そんなにすごい学者であるとは思っていませんでした。当時、物理学において、雪という研究対象は、決して花形ではなかったからです。とはいえ、先生は加賀市出身です。ふるさとの科学者が東京大学を出て、北海道大学あるいは海外の研究機関で活躍されていることは、うれしく、また、とてもまぶしく、心から仰ぎ見る存在でした。加えて、先生は東大の恩師寺田寅彦《とらひこ》先生とともに名文家としても知られ、お堅い論文よりも、軽妙洒脱《けいみょうしゃだつ》*のエッセーは心にしみるような味わいがあり、多才な天才であるとも認識していました。

アイデアマンを評価され

雪の科学館館長になったのは、加賀市の行政に携わるある知人からの依頼が発端です。

「加賀市に中谷宇吉郎雪の科学館があるのは知っているでしょ。そこの館長になっていただけませんか」

「えっ、なんで僕が」

「開館して20年ほど経つのですが、今後、先生のアイデアで、さらに魅力の

*邂逅＝思いがけず巡り合うこと。仏教的な出遭いの意もある。

*軽妙洒脱＝軽快で妙味があり、しゃれていること。

ある館にしてほしいのです」

中谷宇吉郎の名が出た途端、正直、ご縁というものを感じ、なんか体に電気が走ったように記憶しています。

アイデアといえば、確かに私は、2003（平成15）年、米ハーバード大学の選考委員会から「人々を笑わせ、そして考えさせてくれる研究」に贈られるイグ・ノーベル賞*を受賞しました。「鳥類に嫌われた銅像の化学的考察」というテーマで、ふるさと金沢の、兼六園の日本武尊《やまとたけるのみこと》像*に、ハトやカラスが寄り付かない理由を化学的に解明したのが評価されたのです。

若い頃から、発明が大好きで、長年、テーマにしてきたのが、おいしいコーヒーの作り方と体にいいコーヒー豆づくりです。水素で焙煎《ばいせん》するところがミソで、おいしく、また、酸化を防ぎ、ポリフェノール*が減るのを防いで健康体につなげる製法を確立しました。

このほか、①10キロメートル先まで光が届き、その下で字が読めたり、想定外の災害時に被害者を救う「照明装置」、②多人数が使う山小屋や離島などで、大量の糞尿、食物残さなどでバイオ燃料を作り、電気や熱を発生させる「循環型発電装置」、③お肌をツルツルにし、現代社会のストレスまでを除去できる「金箔マスク」など、数えるとキリがないほど、様々な発明品を世に問うてまい

＊イグ・ノーベル賞＝1991年に創設された「人々を笑わせ、そして考えさせてくれる」研究に対して贈られる、ノーベル賞のパロディ。

＊日本武尊像＝兼六園にある、西南戦争に出征した石川県人の慰霊塔。銅製。熊襲成敗で出征、戦死した日本武尊をシンボルとした。

＊ポリフェノール＝植物が自身を活性酸素から守るために作り出す物質で抗酸化物質の代表。コーヒーにたくさん含まれる。

りました。

そんな私のキャラクターを、尊敬する中谷博士の功績を顕彰する雪の科学館の魅力アップに活かせということでしょう。私みたいなもので良いのなら、次代を担う若い人たちに、科学する心を啓発する目的をもって、晩年を有意義に過ごしたいと考え、館長を引き受けました。

老科学者の心に着火した

雪の科学館にはそれまで足を運んだこともなかったのですが、館の責任者、運営者として、また一科学者として、展示品、パネルなどに目を凝らしながら館を一巡するたび、新しい発見に出くわしたのです。決して大げさな言い方ではなく、老科学者の心に火がつきました。

「よし、もう一度初心に帰って、科学する心を磨き、人の役に立つ発明もどんどんやるぞ」

青春の日々から敬愛し続けてきた中谷博士の雪についての研究も、一から勉強し直してみようと目標を掲げ、展示品に目を凝らし、先生の著作を、気を入れて読みました。

あらためて中谷先生による雪の研究と雪の科学館の展示を解説しましょう。

解説

博士の偉業と雪の科学館

廣瀬《ひろせ》幸雄《ゆきお》

雪はどこから降るか

まず、雪とは何か、雪はなぜ、冬になると空から降ってくるのか。

雪国生まれの科学者にとっては、雪は、身近にある永遠のテーマと言っても過言ではありません。

文人でもある中谷先生は、後世に残る名言を残され、掛け軸などに揮毫《きごう》していらっしゃいます。

「雪は天から送られた手紙である」

実に中谷先生らしい、簡潔にして伝えるべきを伝えた、蓋《けだ》し名言です。今やITのメール全盛の世の中ですが、かつて手紙は情報伝達の代表的手段で、雪は天からの情報を伝えてくれると喝破《かっぱ》したのです。

雪にもいろいろあります。みぞれ、あられ、ひょう、粉雪《こなゆき》、細雪《ささめゆき》、ぼたん雪。金沢では、ぼたん雪のことを「ぼた雪」と呼んでいます。ぼたぼたと音を立てるかのように降ってくるからでしょうか。北陸では、あられが降って地表を覆った後、この

中谷宇吉郎揮毫の掛け軸

「ぼた雪」が降り続けると、平成30年の豪雪のようにとんでもない大雪になったりします。雪の呼称も、きっと地方によって色々と違うのでしょう。

さて、雪がどうして降るのか、中谷先生から学んだ知識も基に、その仕組みを説明致しましょう。

雪はすべて天から降ってきます。天と言っても、天のどこから降ってくるのでしょう。結論から言いますと、雲から降ってくるのです。雲とは何でしょう。雲は、水の小さな集まりでできています。雲の素である水の粒は、1ミリの50分の1という何とも小さなものです。

はじめは小さな氷の粒

その水の粒は、はじめは小さな氷の粒(氷晶《ひょうしょう》)にしか過ぎません。雲が上下左右、大気中を移動するうちに、浮遊する水蒸気や微細な塵《ちり》が付着し、次第に雪だるま式に大きな氷晶になります。と言っても、そんなに大きなものではありません。大きくなると重力により、地上に落ちてくるのが雪なのです。もっとも雪は大気中の温度が高いと、地表に到達するまでにとけて雨になります。

なぜ大雪になる

よく天気予報で、シベリアから猛烈な寒気団が南下し、「西高東低」の気圧配置になると、大雪警報などが発令されます。警報が出されるのは、雪が大量に降る条件がそろうのが予見されるからなのです。「平成30年豪雪」は、まさに超ド級の寒気が入り込み居座ったからです。

逆にいうと、温帯の日本で降る雨は、上空でいったん雪か氷の粒となったものが、地表に落ちてくる途中とけたものです。みぞれ雪は、氷と雨の中間形態と言えます。

こうしたことを実証してみせたのが、雪をライフワークとした中谷先生です。先生が雪の研究に本腰を入れるのは、金沢の旧制第四高等学校(四高《しこう》)から東京大学理学部物理学科に進んで卒業し、恩師・寺田寅彦教授の勧める理化学研究所を経て、イギリス留学から帰国、北海道大学理学部教授になってからです。雪の研究こそ、雪国に生まれ、北の大地で教鞭《きょうべん》をとる身にふさわしいと考えたからでしょう。

人工雪づくりに挑戦

そのころ、中谷先生を刺激したのが、アメリカのベントレーという人の、雪の結晶の写真集でした。その美しさに魅了された先生は、北の大地で先生として雪の結晶を写真撮影することにより、きっと得るものは大きいと確信して、北大構内で、十《と》勝岳《かちだけ》で、約3千枚に及ぶ雪のあらゆる形の結晶を顕微鏡写真として記録し、分類しました。これが雪博士の最初の偉業です。

　次に、中谷先生は「人工雪」づくりに踏み切りました。天然の現象を究めれば人工的に雪がつくれないか。

雪の科学館に展示されている人工雪製造装置

中谷先生の学究心は次の目標を定めました。そして編み出されたのが人工雪製造装置です＝左上の写真＝。とはいえ、最初は長さ1メートルの銅の円筒から始めるなど、試行錯誤の繰り返しだったようです。そして遂に、北大に人工雪装置を据えた常時低温研究室が開設されました。この研究室には、ウサギの毛の先に「六花」の雪の結晶をつくりあげ、中谷先生はじめ研究者一同が感動に浸ったエピソードが残っています。

　中谷先生の後年の著作『雪雑記』の中に、「この頃大ていの雪の結晶が皆実験室の中で人工で出来るようになったので、自分ではひとりで面白がっている」と述懐しているように、雪の結晶がほぼ意のままにつくれるようになったのです。

ナカヤ・ダイヤグラム

雪の結晶が様々なのは水蒸気の量と気温の違いによるものだとの知見を機器で実証し作成したのが、雪の結晶と気温、水蒸気の連関表「ナカヤ・ダイヤグラム」＝右の図＝です。ここから、名言「雪は天から送られた手紙である」が生まれました。

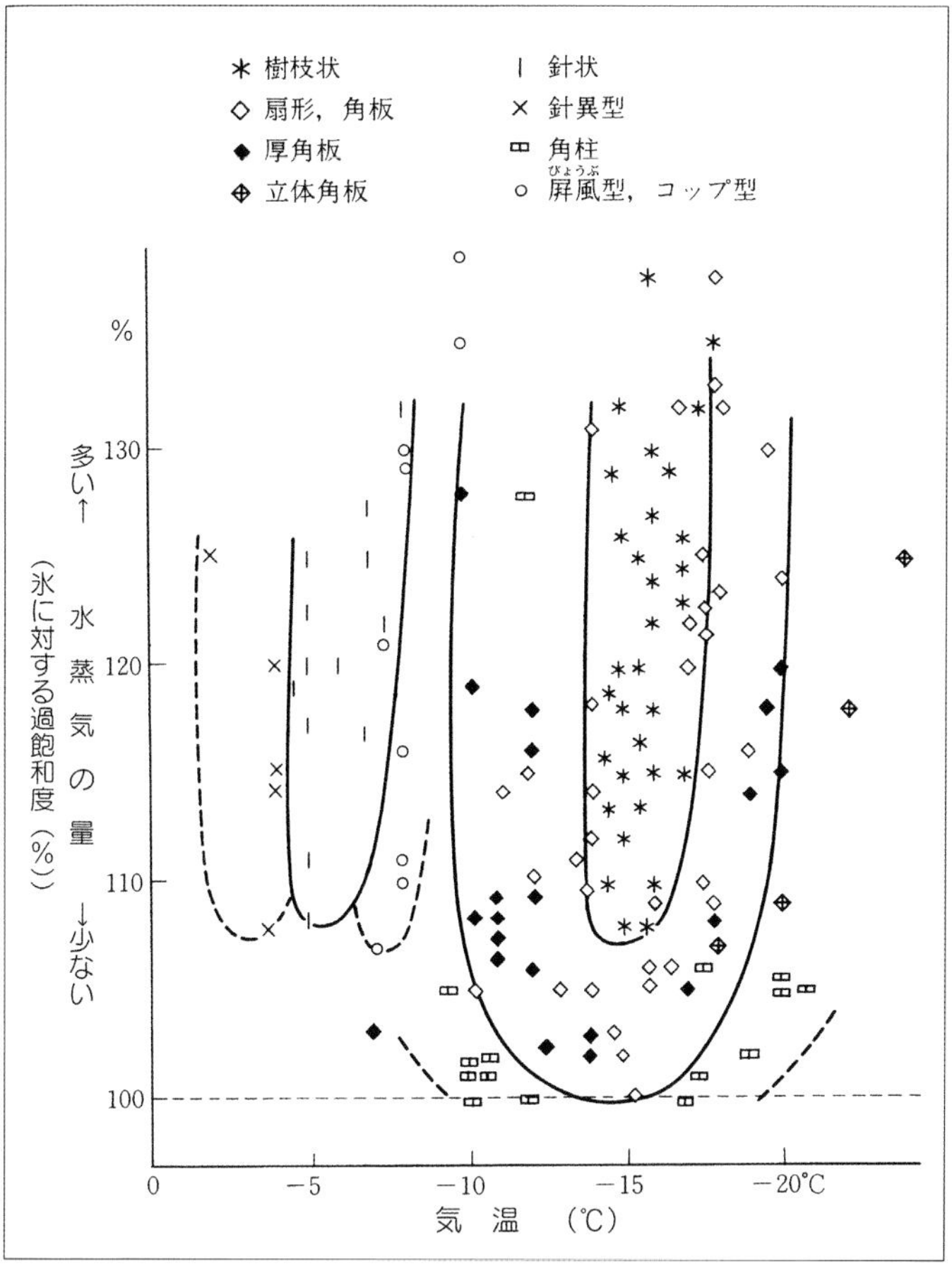

ナカヤ・ダイヤグラム

ナカヤ・ダイヤグラムなどによると、例えば、水蒸気が多く、マイナス15度前後の気温のところを通る雪は、6枚の花弁いわゆる「六花」のような形(樹枝状)になり、水蒸気が少なく、温度が低いところを通る雪は、角ばった柱のような形(角柱)になるといいます。

雪の結晶と「6」の関係

ここでもう一度、雪とその結晶の不思議について考えてみましょう。雪の結晶は、6本の木の枝を対称的に組み合わせたような形、あるいは六角形そのもの、6方向に扇型などが広がっているなど、6が基本の形がほとんどです。

約3千枚の雪の結晶を写真撮りした中谷先生は「雪の結晶には、どれ

六角形の雪の結晶をあしらったパネル＝中谷宇吉郎雪の科学館

一つとっても同じ形はない。千差万別だ」と言われました。なのに、6が基本になった形が多いのはなぜでしょう。

それは、水の分子がつながった雪や氷の結晶はつながり方が六角形になっているからです＝上の写真＝。

六角形というのは、水の分子がつながるときに、最も安定した形です。これは、水の分子がつながっている角度が109度と、六角形の一角の120度に近いからです。

花の形に似たチンダル像

雪の結晶とはまた違う氷の結晶というものをご存じでしょうか。氷の中に雪の結晶とよく似た形ができ、「チンダル像」といいます。花の形にも似ているので「アイスフラワー」とも呼ばれています＝左ページ上の写真＝。

氷に強い光を当てると、氷の中にはじめは丸い形を呈し、徐々に6方向に枝が伸び、雪の結晶とよく似た結晶が現れます。

氷の結晶は「色」も楽しめます。偏光板というプラスチック板を2枚用意し、薄くした氷を挟み、光を当てます。すると色々な氷が結晶ごとに違う色に見え、ステンドグラスのような多彩な美しさを堪能できます。

これは、地上の気温がマイナス10度以下になった時、空気中の水蒸気が冷やされて、氷の粒（氷晶）になり、この氷晶に太陽の光が当たって、キラキラ輝いてみえる現象です＝左ページ下の写真＝。

人気の過冷却実験コーナー

雪氷学の基本に「過冷却」現象があ

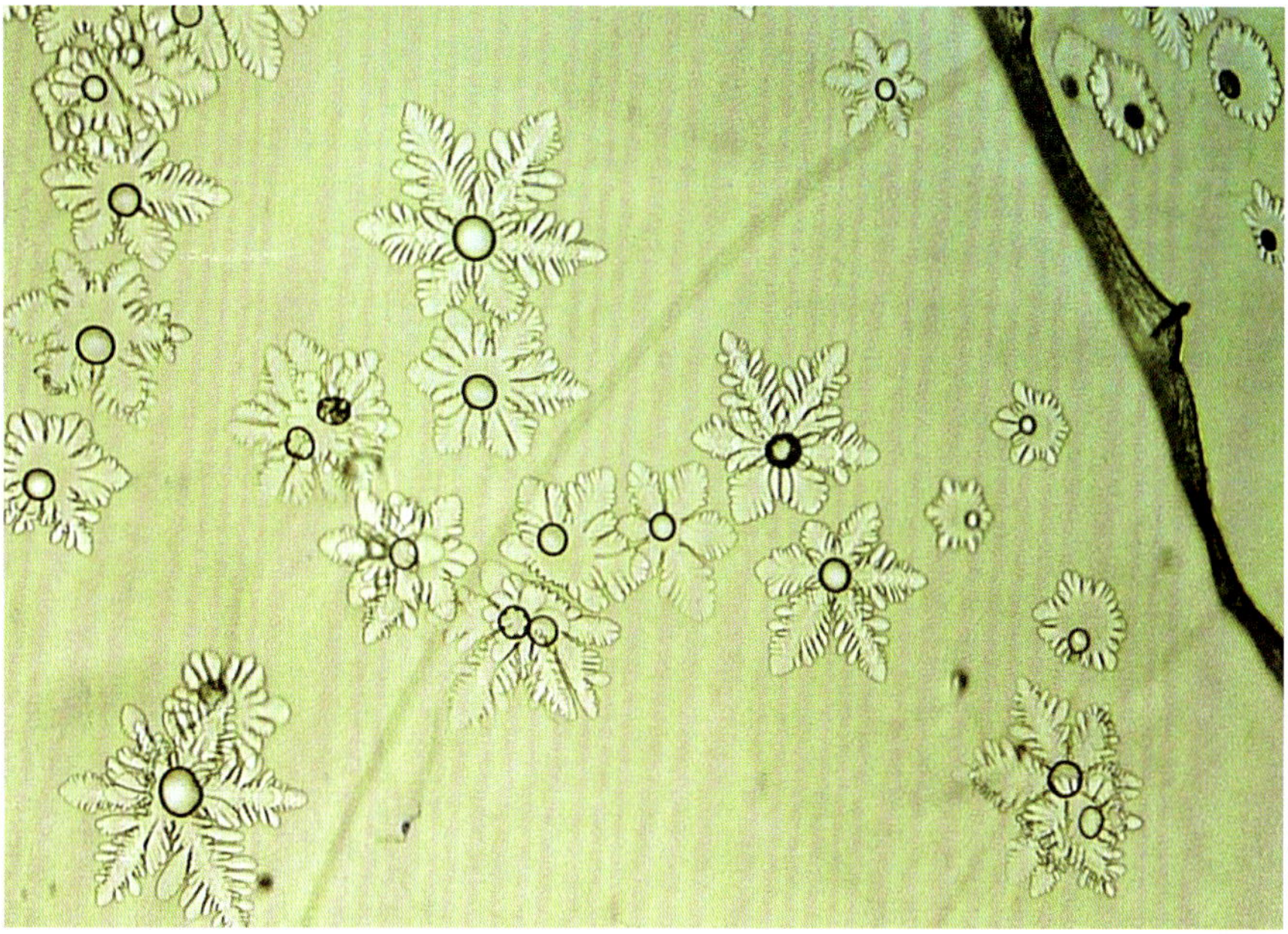

チンダル像（アイスフラワー）

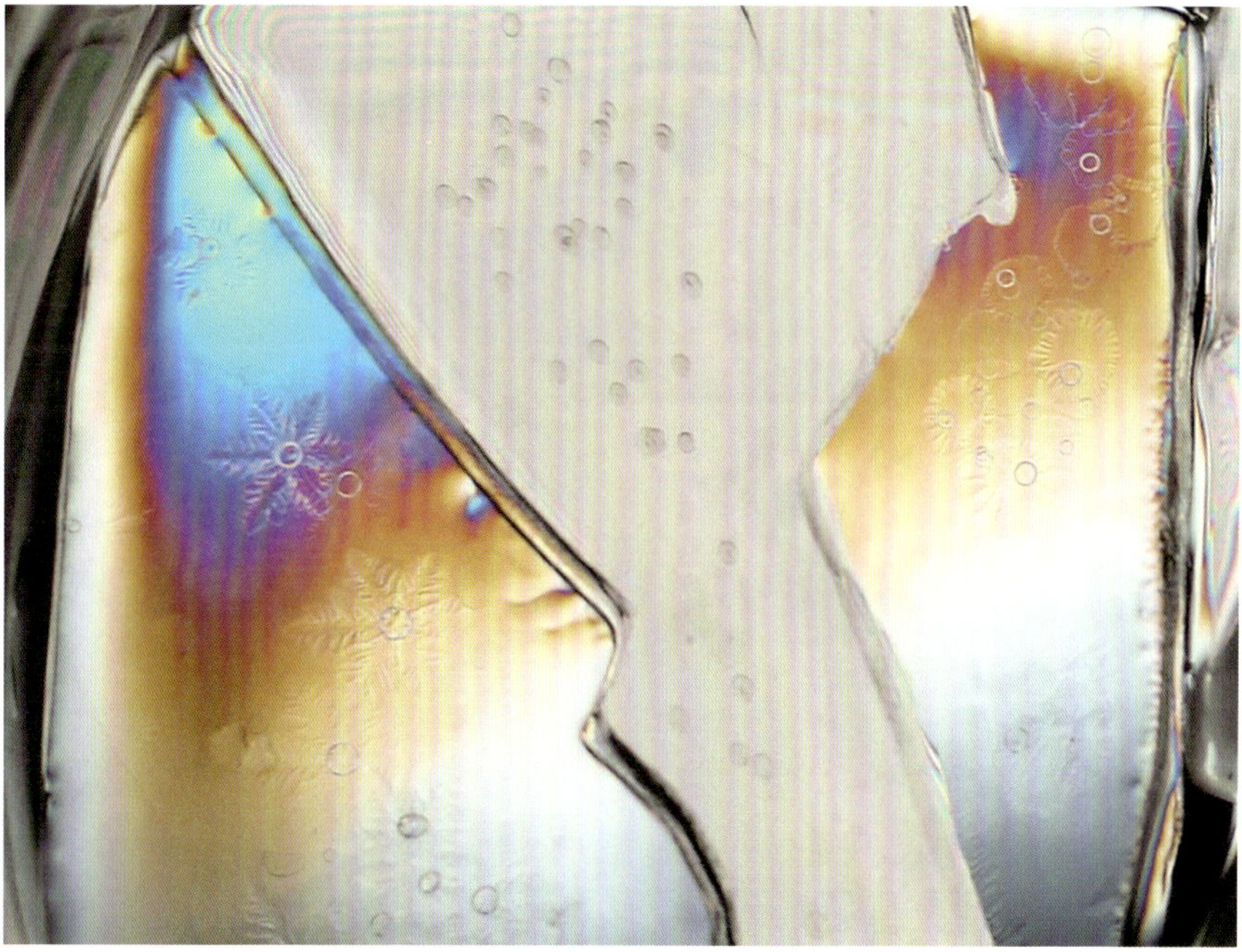

2枚の偏光板で挟み光を当てた氷の結晶

過冷却の実験の説明に聴き入る来館者

ります。これは水が零度以下なのに凍らずに存在する状態を指します。過冷却の水は、風や何かにぶつかるなどの刺激を受けると、氷になります。

　この過冷却を実験できるコーナーが雪の科学館内にあります。科学において、実験はとても大事です。ですから、この過冷却実験を来館者の皆様にはぜひ体験していただきたい。実際、私が館長になってからでも、過冷却実験コーナーには、いつも人垣ができるほどです。どんな人でも「不思議な現象」を目《ま》のあたりにして、それがなぜ起きるのかを解明する実験には魅力を感じるのでしょう。これからも、このコーナーは当館の目玉の一つに据えていきたいと考えています。

　むろん、館内の展示品は、先述した中谷先生の功績を称え、裏打ちするものばかりです。まだ来館されていない人はぜひ足を運んでいただき、来館したことのある人も再び足を運んで、中谷先生とその研究のすばらしさを感じとっていただきたいと存じます。

磯崎新氏設計の木造建造物

　ここでもう一つ付け加えねばなりません。それは、この館の建造物としての魅力です。磯崎《いそざき》 新《あらた》先生という当代きっての建築家の設計・監修により、館が完成しました。

　ぬくもりある六角形の木造建造物。柴山潟《しばやまがた》湖畔《こはん》にたたずみ、白山を遠望する大自然と調和する構造は、卓越した意匠としか言いようがありません。

　さて私も七十路から八十路にさし

かかる年齢になりました。お陰様で、体調はすこぶる健康で、まだまだ、世のため人のために尽くさねばとの思いでいっぱいです。

中谷先生を学者としての師と仰ぎつつ、生き方としてマザー・テレサの「尽くして求めず」、石川県出身の仏教哲学者、鈴木大拙博士が提唱した「妙好人《みょうこうにん》」を実践してまいりたいと考えています。

「光輝く加賀バレー」をぜひ

出来ることなら、雪の科学館を中心にして、館周辺の柴山潟湖畔の広大な地を、米国のシリコンバレーにならい「光輝く加賀バレー」と名付け、石川の知を結集して、未来を創造する科学の拠点とできればと思います。石川県の歴史を検証しても高峰譲吉博士など偉大な科学者を輩出しています。

中谷博士の偉業を回想しつつ、こうしたことを考え、実現していくことで、ふるさとの夢いっぱいの未来を切り開くのに一役買いたいと考えています。

中谷宇吉郎雪の科学館ごしに望む雪化粧した白山

中谷博士の偉業を後世に

ツエーゲン金沢練習場

西部緑地公園陸上競技場

佛子園屋上緑化

片山津温泉総湯

ユニゾイン金沢百万石通り

スカイパークこまつ翼

ゴルフ場改造・造成工事
ゴルフ場メンテナンス

公園・スポーツ施設施工
緑地メンテナンス

指定管理者制度による運営管理

- 片山津温泉総湯
- 奥卯辰山健民公園
- 北部公園（金沢市忠縄町）
- ふれあい健康広場（小松市日末町）
- スカイパークこまつ翼
- 白山ろくテーマパーク（白山市河内町吉岡）

総合緑化事業

国土交通大臣認可（特定）第15043号　ISO9001認証取得

株式会社 岸グリーンサービス

本社　石川県加賀市新保町カ 33　TEL. 0761-74-8188

富山・福井・能登・金沢・能美・小松

寄稿 7

博士の講演とゆかりの地探訪

NPO法人 I Love
加賀ネット理事長
川口《かわぐち》泰之《やすゆき》

この本に廣瀬幸雄《ひろせゆきお》中谷宇吉郎雪の科学館館長が寄稿されると聞き、雪の科学館を片山津温泉再生の起爆剤と考えネットなどを通じて発信している私として、尊敬する中谷博士を目《ま》のあたりにした事実をぜひ紹介したいと思い、筆を執《と》らせていただきました。

ことし私は満76歳になります。自宅に片山津中学1年生の時（1954年）の日記が残っています。稚拙《ちせつ》な文章ですが、そのまま載せますので、まずお読みください。

11月5日 金　天候 晴

（前　略）

（2限目の）終《（ママ）》り頃になると作見中学の生徒が全部来ていたので何しに来た

川口泰之　1941（昭和16）年、加賀市片山津温泉生まれ。県立大聖寺高校卒業。福井放送、讀賣テレビ放送を経て69（昭和44）年、福井テレビジョン放送に開局と同時に入社し、退職時、専務。現在、I Love加賀ネット理事長

のだろうかと考えておれば今日片山津町が生んだ中谷宇吉郎博士の講演会があるので来ていた。

2限がいつもよりすこし早くおわった。中谷宇吉郎博士の話し《（ママ）》をきくため。

3限目は片山津町の小・中学校が全部ではないが沢山《たくさん》きていて、講堂がまんいんだった。やがて博士がいらっしゃると会場はわれる様なはくしゅう《（ママ＝拍手）》でむかえた。

やがて静かに米国での話、思い出話などがあって会を終った。


何回読み返しても、恥ずかしながら、当時のことがほとんど思い出せません。ただ、たくさんの生徒が講堂に集まって偉い先生のお話を聴いたように、断片的な記憶を手繰り寄せるだけです。とても回想などといえるものではありません。

顔の詳細の記憶

ところが、このことを弊法人の山下武志《たけし》理事（山下不動産会長、加賀市片山津温泉在住）に打ち明けましたところ、

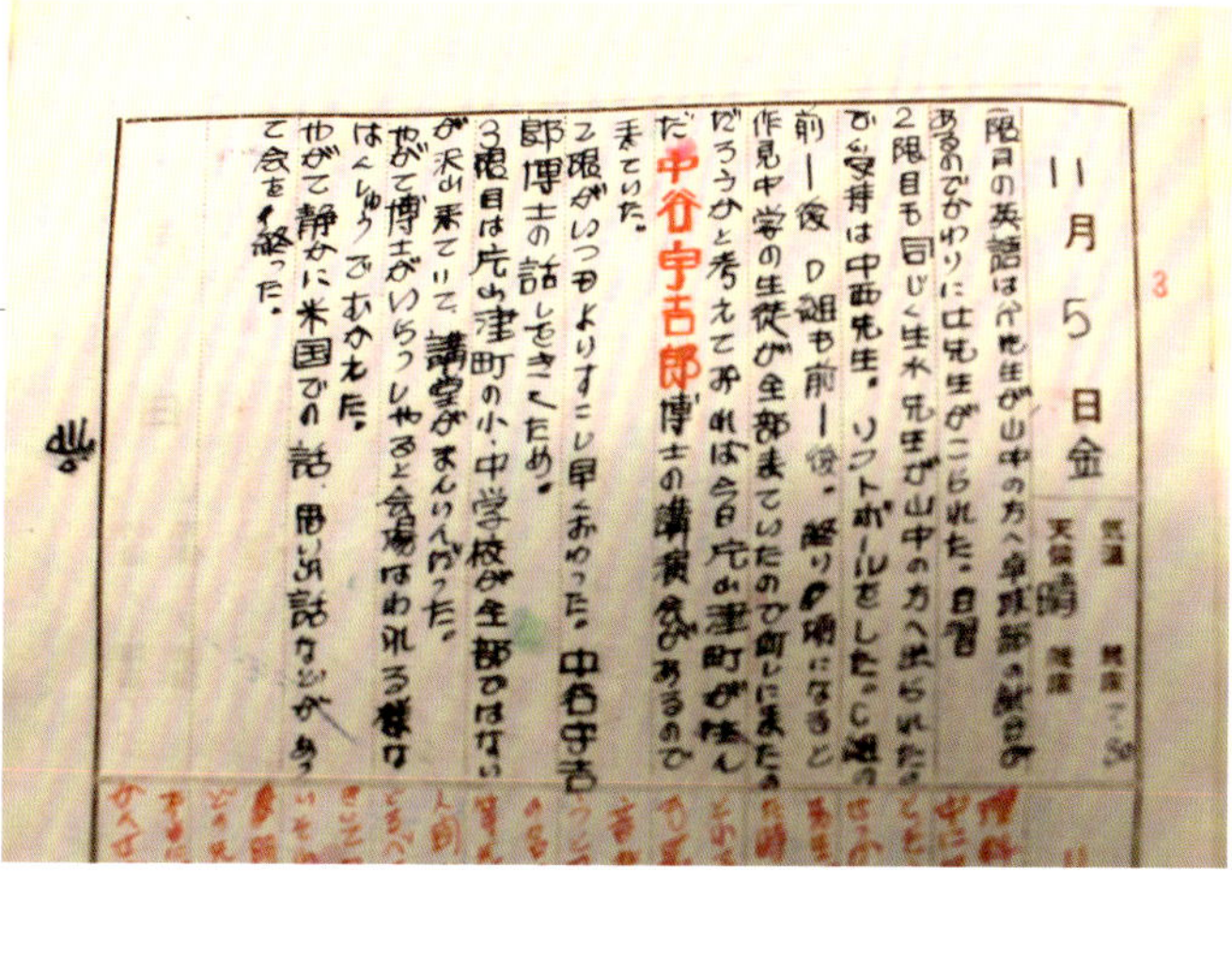

「講堂がまんいんだった」などと記された当時の日記

「私は覚えていますよ」と頼もしい反応。山下理事は当時2年生でした。「宇吉郎博士の右目のまぶたが異常に腫《は》れているように見えたなあ。しわがいくつもあって、傷のようにも見えたよ」

驚きました。もう64年も前のことを、それこそ部分的かも知れませんが、鮮明に覚えていらっしゃる。人間の脳は誰でもそうでしょうが、若い頃の記憶で克明に描写できるシーンが刻まれているようです。それにしても、目が腫れてだの、しわだのと、山下少年の目にはよほど印象が強かったのでしょう。

さらにびっくりしたのは、山下少年の分析でした。

「あの目の腫れ方や、しわが何本もよったような左目のあたりは、雪の結晶などをいつも顕微鏡で観察し続けていたためだろうと思ったね」

なるほど、洞察力《どうさつりょく》、想像力ともすごい。あらためて山下理事に脱帽しました。

ちなみに、2000（平成12）年に発行された日本郵便の80円切手には、中谷博士が顕微鏡で、おそらく雪の結晶であろうプレパラートを凝視している姿が描かれています。バックには雪

中谷博士の講演を思い起こす山下理事（右）と筆者＝加賀市片山津温泉の山下不動産

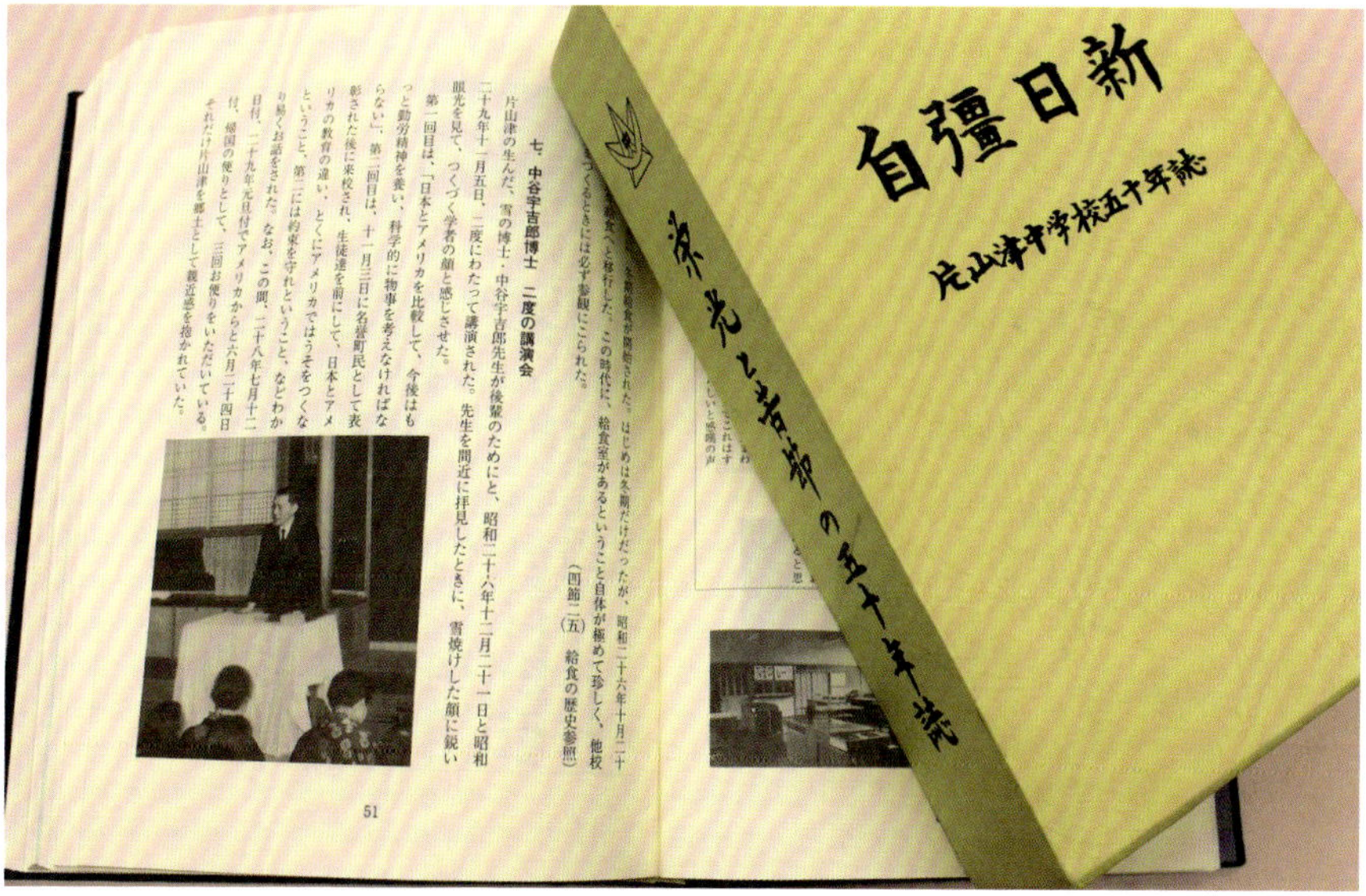

中谷博士が2度来校して講演したことを記録する『自彊日新　片山津中学校五十年誌』

の結晶があしらわれており、まさに「雪博士」を象徴する切手となっています。

　中谷博士が片山津中に来られたことは、五十年誌『自彊《じきょう》日新《にっしん》』に「片山津の生んだ、雪の博士・中谷宇吉郎先生が後輩のためにと、昭和二十六年十二月二十一日と昭和二十九年十一月五日、二度にわたって講演された」とあります。

生家跡と墓地訪ねる

　さて、私は、先述したように、せっかくの講演も内容どころか、うっすらとしか中谷博士のありし日を覚えていま

2000年発行の中谷博士記念切手

せん。それで、というわけでもありませんが、後日、廣瀬館長とともに、あらためて中谷博士の生家跡と永眠する墓地を訪ね、博士の偉業を発信し片山津温泉を再生する一端にかかわっている身として、老いた脳裏に足跡を刻んでまいりました。

片山津温泉のまさにド真ん中。今は鉄筋コンクリート4階建ての空きビルがその生家跡です。これ自体からは、かつて中谷博士がここに生まれ育ったとは偲《しの》ぶべくもありません。傍《かたわ》らにある石碑の「雪は天から送られた手紙である　中谷宇吉郎生誕の地」のみが静かに中谷博士の生家を語ってくれているようです。

それにしても、廣瀬館長ともども、片山津温泉の現状を見て栄華《えいが》を知る身として溜息《ためいき》が出るばかりでした。柴山潟畔のいで湯の里をもう一度、活性化させ

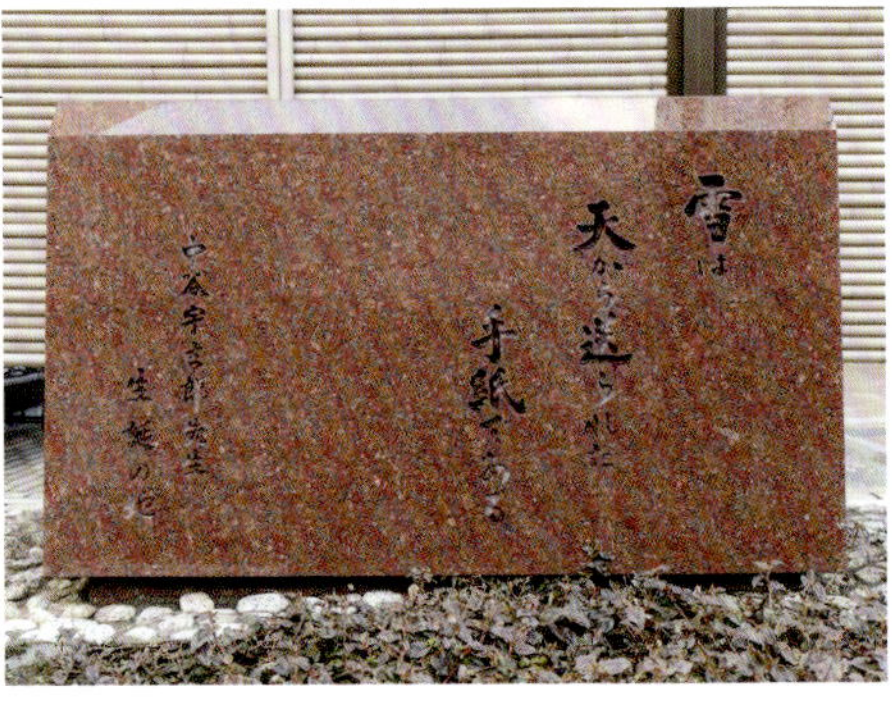

片山津温泉のド真ん中にある中谷博士の生家跡と石碑（下）＝加賀市片山津温泉

たい。中谷博士が現状を見たらどう思うでしょうか。中谷博士の偉業を顕彰する雪の科学館こそ、全国からの人たちを片山津温泉に呼び込む大切な資産でしょう。

期せずして廣瀬館長と考えは一致して、生家跡から、一気に永眠の地へと足を運びました。加賀市中島町。辺り一面に水田が広がります。集落の共同墓地の一角に「中谷宇吉郎之墓」がありました。立派なお墓です。

茅誠司氏が墓誌を揮毫

「これ、茅誠司《かやせいじ》さん直筆の墓誌だね」。廣瀬館長が風格のある石板に「中谷宇吉郎君墓碑銘」と刻まれた茅誠司元東大総長の文面を読まれています。

（前　略）

このやうな前人未到の科学的業績を残したほかに美しい数々の随筆と

礎石が六角形の中谷宇吉郎博士の墓＝加賀市中島町

加賀市中島町の共同墓地の一角にある中谷博士の墓

楽しい墨絵を書いた中谷宇吉郎君に　その生れた　この地にいま
静かに眠っております
昭和四十年四月十一日　茅　誠司誌す

中谷博士とは肝胆《かんたん》相《あい》照《て》らす中であった物理学の泰斗《たいと》の茅先生らしい墓碑銘です。お墓の礎石が六角形というのも、六角形が基本形の雪の結晶研究に生涯を捧げた中谷博士らしい。仔細《しさい》に拝見《はいけん》すると、御影石の墓石にはいくつか雪の結晶を刻んであります。このすばらしい意匠は中谷博士の次女の芙二子さんの考案と聞いています。実に考えてある墓所でした。中谷博士は確かに静かに眠っておられることでしょう。

廣瀬館長とともに揺籃《ようらん》の地と永眠の地を同じ日に見届けましたが、私としてはさらに、地元民の一人として、博士が幼少、少年時代を過ごした加賀市大聖寺のゆかりの地を訪ねたくなりました。

目をみはった「御殿」跡

年が明けて1月、片山津温泉で観光案内などのボランティア活動をしている郷土史家、本田俊彦さん(75)に同行願い、大聖寺の3カ所を回りました。まず

茅誠司元東大総長が揮毫した
墓碑銘＝加賀市中島町

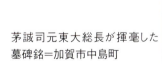

足を運んだのは江沼《えぬま》神社です。熊田亮《くまだまこと》宮司(71)が案内してくれたのは中谷博士が錦城《きんじょう》小学校の学童のころ、毎日のように通った、藩政期以来の大聖寺前田家当主が住んでいた「御殿《ごてん》」です。竹逕館《ちくけいかん》という名で江沼神社境内にあります。

熊田宮司によると、「御殿」は1900（明治33）年に前田利鬯《としか》子爵《ししゃく》（第十四代大聖寺藩主）夫妻のため建てられたものの、1966（昭和41）年に現在地に移築されました。建てられた当時の御殿は、現在、耳聞山《みみきやま》町の耳聞山公園に石碑が建てられ、その歴史を物語っています。

中に入って目をみはりました。さすが旧藩主・子爵夫妻の「御殿」。全部で35畳あり、欄間《らんま》も臙脂色《えんじいろ》に漆が施され、その桟《さん》も細かい粋《いき》な造りです。岩波書店の『中谷宇吉郎集第一巻』「御殿の生活」では、「御殿にはご老体の大殿様《おおとのさま》と、御前様《ごぜんさま》と呼んでいたその奥方とが主として住んでおられた。（中略）Mの祖母が話相手として毎晩のように私を連れて御殿へ上がった」と記されています。

このほか、中谷博士が生まれた福田町の三森快生堂《みつもりかいせいどう》薬局跡、小学校に入るために預けられた九谷焼の陶工浅井一毫《あさいいちもう》の旧宅（現北山伸一氏宅＝法華坊町）も見て回りました。片山津出身で大聖寺で育った科学者の少年期の足跡にも触れ、今後、語り部として郷

36畳もの「御殿」の一部。江沼神社の境内にある＝加賀市大聖寺八間道

土の後輩、子供たちに中谷博士の偉業をしっかり伝えていきたいと、考えております。

かつて「御殿」があった加賀市耳聞山公園の一角＝同市耳聞山町

中谷博士の偉業を後世に
私たちは
片山津温泉のシンボルとして
中谷宇吉郎博士と
雪の科学館を
末永く発信してまいります。

【協力・協賛の皆さん】（順不同）

加賀市
市　長　宮元　陸

一般財団法人中谷宇吉郎記念財団
理事長　中谷芙二子
事務局　森田　菜絵

中谷宇吉郎雪の科学館
館　長　廣瀬　幸雄
学芸員　石川真知子

中谷宇吉郎雪の科学館友の会
会　長　神田　健三

石川県立図書館

小松市立博物館

株式会社亀の井別荘
代表取締役社長　中谷　太郎
中谷健太郎
中谷　次郎

エルメスジャポン株式会社
澤田佳恵子

加賀商工会議所
会　頭　新家　康三
専務理事　西出　正光

片山津温泉観光協会
会　長　鹿野　祐司
事務局長　市井　洋

かのや光楽苑
代表取締役　鹿野　祐司

大同工業株式会社
代表取締役社長　新家　康三

株式会社ソディック
常務取締役食品機械事業部長
大迫　健一

株式会社岸グリーンサービス
会　長　岸　省三

株式会社ホテル・アローレ
代表取締役社長　太田　長夫

鹿野酒造株式会社
取締役会長　鹿野　頼宣

有限会社ホクヒン開発
取締役会長　長井　雅之

白山道路株式会社
代表取締役社長　源　幸雄

株式会社山下不動産
会　長　山下　武志
代表取締役　衛藤　哲也
宅地建物取引士　松本健太郎

NPO法人I Love加賀ネット
理事長　川口　泰之

江沼神社
宮　司　熊田　亮

片山津温泉観光ボランティア
ガイド　本田　俊彦

【主な参考文献】

中谷宇吉郎著『中谷宇吉郎随筆選集』第1巻～第3巻（1966年）
藤岡由夫著『中谷宇吉郎 小伝と科学随筆抄』（1968年）
山下久男著『中谷宇吉郎の幼少年時代』（1973年）
太田文平著『中谷宇吉郎の生涯』（1977年）
高田宏著『冬の花びら 雪博士中谷宇吉郎の一生』（1986年）
東晃著『雪と氷の科学者・中谷宇吉郎』（1997年）
加賀市中谷宇吉郎雪の科学館編『兄弟展 宇吉郎と治宇二郎』（1999年）
中谷宇吉郎雪の科学館友の会編『出合い 中谷宇吉郎生誕百年によせて』（2000年）
中谷宇吉郎雪の科学館友の会編『中谷宇吉郎ゆかりの地』（2000年）
中谷宇吉郎雪の科学館友の会編『中谷宇吉郎ゆかりの人』（2009年）
中谷宇吉郎雪の科学館友の会会報『六花』（1998年～）

回想《かいそう》の中谷宇吉郎《なかやうきちろう》

家族、関係者の証言などでつづる

発行日　2018（平成30）年3月5日　第1版第1刷
編　者　北國新聞社出版局
発　行　北國新聞社
〒920−8588
石川県金沢市南町2番1号
TEL 076−260−3587（出版局）
FAX 076−260−3423
電子メール syuppan@hokkoku.co.jp

ISBN978-4-8330-2130-2 C0023